JN189141

ようこそ、
読書のアニマシオンへ

子どもと本をつなぐ46のレシピ♪

編著 種村エイ子・子どもの本かごしま

南方新社

はじめに

　この本を手にした読者のなかには、「アニマシオンってなに？」という方が多いかもしれません。

　実は、2005 年に鹿児島で初めてのセミナーを開いた「子どもの本かごしま」のメンバーも、「アニマシオンってなに」と問われてもきちんと答えることができませんでした。けれども実際に体験してみて「楽しい」と感じた私たちは、もっと学びたい、そして子どもたちといっしょにもっと楽しみたい、と考えたのです。

　アニマシオンの「アニマ（anima）」とは、ラテン語で魂・心を意味します。アニマシオンとは、その魂・心がイキイキ・わくわくと躍動することで、英語のアニメーション（animation）と同義語なのです。

　アニメーションは、少しずつ異なるたくさんの絵や人形を連続して動かし、あたかも生きているように見える様子を指しますが、アニマシオンも同じような意味合いで使われています。

　知的好奇心を刺激し、自ら何かをしたいという気持ちを呼び起こす「きっかけ」となるもの、心を励まし、揺り動かすために行われるあらゆる取り組みを、フランスやスペインでは、アニマシオンと呼んでいるようです。

日本に初めてスペインでのアニマシオンを紹介した増山均氏は、「お祭りの笛や太鼓の音を聞くと、うきうきわくわく身も心も動きたくてどうにもならなくなり、仕事や勉強を放り出して駆け出したくなる」様子を例にあげて、それと同じような心情を生み出す試みだと説明しています。

　また、2017 年に来日したフランス図書館のアニマシオンの第一人者ドミニク・アラミシェルさんは、「アニマシオンは、人生を楽しむこと」と表現しました。

　どうやらアニマシオンとは、ヨーロッパ南部のスペイン、フランス、イタリアで、社会、文化、芸術、教育、福祉、スポーツ、ボランティア、余暇、

娯楽といったさまざまな分野で幅広く使われている概念のようです。

　本書では、子どもたちを本の世界に誘う「読書のアニマシオン」をとりあげます。

　日本の読書のアニマシオンは、1997 年、スペインの児童文化ジャーナリスト、モンセラット・サルト氏による『読書で遊ぼうアニマシオン―本が大好きになる 25 のゲーム』（佐藤美智代・青柳啓子訳．柏書房）が出版されたのを契機に、各地で実践や研究が始まり、2017 年に 20 周年を迎えました。

　モンセラット・サルト氏の本はその後、『読書へのアニマシオン　75 の作戦』（宇野和美訳．柏書房，2001）としてさらに充実しましたが、九州の端の鹿児島に暮らす私たちは、なかなかアニマシオンに触れる機会がありませんでした。

　私たちは、その後出版された『ぼくらは物語探偵団―まなび・わくわく・アニマシオン』（岩辺泰吏編著．柏書房，1999）や、『はじめてのアニマシオン―1 冊の本が宝島』（岩辺泰吏＋まなび探偵団アニマシオンクラブ．柏書房，2003）などを読みながら、なんとかして鹿児島で直接体験するチャンスがないものかと願っていました。

　2005 年、ついにその願いがかなって、東京から「読書のアニマシオン研究会」（通称アニマシオンクラブ）の岩辺代表と笠井事務局長を講師に招き、「子どもの本かごしま」の主催でセミナーを開くことができました。講演やワークショップで子どもたちと一緒にアニマシオンを体験した教師や学校司書、公共図書館司書、ボランティア、学生たちは、たちまちアニマシオンの楽しさのとりこになってしまいました。

　あれから 13 年、毎年講師を招いてセミナーを開いてきたおかげで、鹿児島の各地にアニマシオンの実践が広がっています。2014 年には「子どもの本かごしま」のメンバー有志で「かごしまアニマシオン倶楽部」を発足し、年 3 回の学習会をもっています。

　この本の第 1 章では、「子どもの本かごしま」のメンバーが、どのような場所で、どんな思いでアニマシオンをやっていて、どんな反応があるかを、それぞれの立場から綴っています。

さて、当初はスペインから日本に伝わった読書のアニマシオンですが、その源流がフランスにあることを知った読書のアニマシオン研究会では、作家で翻訳家の辻由美氏をコーディネーターにツアーを組み、2006 年からフランスの図書館や学校現場を訪れて交流し、学んできました。

　この間にも、辻由美氏による『読書教育―フランスの活気ある現場から』（みすず書房，2008.4）が、フランスにおける多様なアニマシオン活動の様子を伝えてくれました。さらに、ドミニク・アラミシェル氏の図書館での理論と実践をまとめた『フランスの公共図書館　60 のアニマシオン』（辻由美訳，教育史料出版会，2010.3）が出版され、あらためて、フランスでは「ありとあらゆる図書館の蔵書に命を吹き込む活動」のすべてをアニマシオンと称していることを理解することができました。

　そして、2012 年実施の第 3 次のフランスアニマシオン研修ツアーには、鹿児島からも 1 名が参加、2015 年の第 4 次には 4 名が参加して、フランスのアニマシオンの多彩さ、奥深さに触れることができました。

　しかし、フランスまで出かけて本場のアニマシオンに触れることができたのは、限られた人だけです。

　そこで、読書のアニマシオン研究会では 20 周年企画として 2017 年 9 月 5 日から 16 日まで、ドミニク・アラミシェルさんを日本に招き、その理論と実践の一端を学ぶ「ボンジュール・アニマシオン―ドミニク企画」を計画しました。「子どもの本かごしま」でも絶好の機会ととらえ、ドミニクさんに鹿児島にも来ていただいて、9 月 11 日と 12 日の 2 日間で 4 講座のセミナーを実施することになりました。ドミニクさんは 4 日連続の東京での講座の後にもかかわらず、精力的に、フランスのアニマシオンを伝えてくださいました。参加者からは、「目からうろこでした」「わくわくどきどきする時間を過ごせました」「早く子どもたちと実践してみたい」「アニマシオンって、思っていたよりずっと自由だと感じました」などの感想が聞かれました。

　フランスでの研修参加とドミニクさん講座で学んだことは、これからのアニマシオンの展開にとって大きな力になってくれそうです。これらは第 3 章にまとめました。

みなさんに活用していただきたいのは第2章です。ここでは、私たち鹿児島のメンバーが、子どもたちに「楽しい読書のひととき」を伝えるために試みてきたアニマシオンのレシピをまとめました。まったく独自に考案したものもあれば、岩辺氏、笠井氏のセミナーで学んだものを真似て実践したものもあります。料理のレシピのように、これを読めば誰でもアニマシオンが実践できて、さらに自分なりの材料、調理法を工夫してレパートリーを増やしていただければ、との願いを込めました。

　読書のアニマシオンには、「子どもたちを本の世界にいざなう」「本の世界の楽しみを仲間と分かち合う」「新しい世界を発見する」などさまざまな目的があり、その手法も限りなく多彩です。この本では、使いやすさを考えて、年齢対象別に並べてみました。

　立場も年齢もさまざまなメンバーのアニマシオンへの思いを、どうぞ汲み取っていただき、気軽に実践していただけると幸いです。子どもたちの笑顔に出会えることを請け合います。

　最後に、かごしまのアニマシオン研修でお世話になっている岩辺泰吏氏に、「日本の『読書のアニマシオン』20年」を特別寄稿していただきました。スペインのモンセラット・サルトさんがアニマシオンを伝えてくださった当初から、日本でのアニマシオン普及研究の第一線で活動され、スペインでの現地研修、さらにフランスでの研修には全4回とも参加された豊富な経験から執筆されたものです。本格的にアニマシオンを知りたい方におすすめです。

　2018年3月
　　　　　　子どもの本かごしま（かごしまアニマシオン倶楽部）代表
　　　　　　　　　　　　　　　　　　　　　　　　　　種村エイ子

目　次

第1章

私たちとアニマシオン

—— みんなで学ぶアニマシオン

子どもたちに楽しい本の世界を

子どもの本かごしま代表　種村エイ子

　私が「アニマシオン」の語を知ったのは、増山均氏の著作『ゆとり・楽しみ・アニマシオン』（労働旬報社，1994）でした。スペインの調査にもとづいて、人間の成長・発達にとって、アニマシオン（魂の活性化）がいかに大切かを伝えた貴重な著作でした。

　当時の私は、短期大学司書課程の非常勤講師を務めながら、地域の子ども読書活動にボランティアとして関わっていました。しかし、ちょうどこの本が出たころ、私は、胃がんと診断されて全摘の手術を受けるという経験を経て、生きる時間は限られていることを実感し、「ブックトークによるいのちの授業」を始めたばかりでした。

　ブックトークは、ひとつのテーマで複数の本を紹介するもので、読書離れがすすむ小学校高学年から中高校生に向けての読書活動として、岡山の学校司書たちが中心になって研究普及に努めていて、図書館関係者に注目されていました。しかも、当時はいじめによる自殺や、神戸の連続児童殺傷事件など、子どもの命を危うくする事件もあり、私自身は「いのちの授業」を広める方に力を注いでいました。なので、せっかく出会った増山氏の著作を読書活動や図書館サービスにどう活かせばいいのか、考えをめぐらすには至りませんでした。

　けれどもその後、まもなく出版されたスペインのモンセラット・サルトさんの著作『読書で遊ぼうアニマシオン─本が大好きになる25のゲーム』（佐藤美智代・青柳啓子／訳．柏書房，1997）は、アニマシオンの中でも読書の分野に焦点をあてた著作であったために、一気に読みました。従来の日本の子ども向け読書活動にはなかった、おもしろそうな「ゲーム（読書法）」が提案されていると感じました。

　2001年に刊行された『読書へのアニマシオン　75の作戦』（宇野和美／訳．柏書房）では、「ゲーム」ではなく、「作戦」の語が使われていますが、いずれにせ

よ、子どもたちが楽しく、主体的に本の世界に分け入るための手法の数々に触れて、わくわくした記憶があります。

　そのうちに、神奈川県川崎市の司書教諭であった渡部康夫氏が作成したホームページ「読書のアニマシオン研究会（通称アニマシオンクラブ）」で東京の教師たちの実践を知り、あいついで刊行された『ぼくらは物語探偵団　まなび・わくわく・アニマシオン』（岩辺泰吏／編著．柏書房，1999）、『はじめてのアニマシオン—1冊の本が宝島』（岩辺泰吏＋まなび探偵団アニマシオンクラブ．柏書房，2003）を読み、なんとしても鹿児島の地で、司書や教師やボランティアなど子どもの読書に関心をもつ仲間たちといっしょに、アニマシオンを学びたいと願いました。

　その頃、農文協から発行されていた『食農教育』という雑誌がありました。私も「いのちのブックトーク」の実践例を何回か執筆したことのある雑誌です。その2004年11月号で、「体験と本をつなぐアニマシオン　サケの卵を育てて、物語のなかの命と出会う」という記事に出会ったのです。

　著者は、東京の小学校教師井上桂子氏。小学生と育てたサケの稚魚を川に放流する活動を体験し、生き物が育つことの難しさや命の重さを学ぶために、工藤直子さんの詩で綴る写真絵本『おはつ』（小学館，2004）を使ったアニマシオンを試みた実践報告でした。その中で子どもたちは、「本を読んでもらうだけより、とっても楽しかった」「またやりたい」と口々に語っていたというのです。「楽しく」「みんなで」学ぶことで、真の学びが成立する可能性があるとするこの記事を読むや、「私が求めていたアニマシオンはこれだ」とばかりに、農文協編集部に「鹿児島でアニマシオンを学びたい。どなたか講師を紹介してほしい」とメールを送っていました。

　そのメールに応えて編集部がつないでくださったのが、東京での研究・普及の中心である岩辺泰吏氏でした。タイミングよく、岩辺氏は小学校教員を退職されたばかり。いくつかの大学の非常勤講師をされていたのですが、鹿児島での講座を快く引き受けていただきました。さっそく、子どもの読書に関心をもつボランティアや司書仲間たちに呼びかけ、「子どもゆめ基金」の助成を受けるための面倒な事務手続きを引き受けてくれる有能な人材にも恵まれ、2005年には岩辺氏と笠井英彦の両氏を鹿児島に招いて、アニマシオンセミナーを開催することができたのです。

私自身も、実はこのときが初体験。プログラムは、「アニマシオンとはなにか」の講演、参加者全員が夢中になった『すてきなあまやどり』、そして「大砲のなかのアヒル」の登場人物を当てる「わたしはだれでしょう」のワークショップでした。

　このときの楽しかった体験は多くの参加者の印象に残ったようで、この後もさまざまな場で、繰り返し実践されています。この本のレシピにも、乳幼児向けの部に『すてきなあまやどり』が、「わたしはだれでしょう」は小学校低学年の部の「登場人物をあてよう『おおきなかぶ』」、中学年の部の「あなたは何太郎さん？」などで紹介されています。

　それまで、全国的には教師中心に進められてきた読書のアニマシオン活動でしたが、鹿児島ではもっと幅広く、子どもの読書に関わる公共図書館や学校図書館司書、読書ボランティアや学生などへも参加を呼びかけてきました。

　毎年、鹿児島のセミナーで新しい試みを実演してくださる二人の講師のおかげで、鹿児島でのアニマシオンセミナーは大盛況のうちに続けられ、県内各地にアニマシオンの輪が広がっています。

　私は、大学で司書課程と司書教諭課程を担当していたこともあり、「児童サービス論」や「読書と豊かな人間性」の講義で、しばしばアニマシオンをとりあげました。隔年で担当している司書講習、司書教諭講習でも、子どもの本かごしまのメンバーに協力してもらいながら、アニマシオンの実演を続けてきました。

　私が実演するのは、ほとんどが岩辺氏、笠井氏から学んだばかりの「わたしはだれでしょう」「ぼくのタイトル世界一」「迷い犬をさがせ」のようなレシピです。また担当していた「児童文学」の講義では、椋鳩十や灰谷健次郎、松谷みよ子、那須正幹、あさのあつこ、森絵都、上橋菜穂子など戦後の日本を代表する児童文学者から、現在活躍中の作家と作品を扱ってきましたが、ここでもアニマシオン的手法をしばしば使わせてもらいました。レシピには、そのなかから「椋鳩十でアニマシオン」を掲載しました。

　やがて、私の授業を受けた卒業生が、司書や教師・保育者になって現場で実践しているといううれしい報告も届くようになりました。この本の執筆を担当してくれたなかにも、卒業生が含まれています。

　しかし、全国的にみると、学校現場での実践に比べて、公共図書館の児童サービス分野には、あまり浸透してこなかったように思えます。「アニマシオンって、

同じ本を何冊も準備しないといけないのでしょう。うちの図書館では資料費が限られていて、とても無理」「アニマシオンに参加する子どもたちに、あらかじめ本を読んできてもらわないとだめなのでしょう。そんなことできないです」との声が、公共図書館関係者からしばしば聞こえてくるのです。

これは、モンセラット・サルトさんの著作に、しばしば「参加する人数分の本を準備すること」「幼児を対象とする以外は、できるかぎり子どもが本を丸ごと読んでから参加するようにしてください」と書いてあるのがひとつの要因かもしれません。

そんな懸念を耳にして、学校や保育園など一定の集団として機能している場ではなく、子どもたちがぶらりとやってくる図書館や文庫などでも気軽に楽しく取り組めるアニマシオンはないものだろうか、と模索していたころです。フランスの公共図書館司書のドミニク・アラミシェルさんの著書『フランスの公共図書館60のアニマシオン─子どもたちと拓く読書の世界！』（辻由美／訳．教育史料出版会，2010）が出版されました。

フランスの図書館や読書活動に造詣が深く、『読書教育─フランスの活気ある現場から』（みすず書房，2008）によって、フランスの読書教育のイキイキした実情を紹介された辻由美さんが発掘し、翻訳されたこの本に出会ったときのことは、忘れられません。それまで、子どもと本を結びつけるメソッドのひとつとしてイメージしていた読書のアニマシオンの概念を一変させたからです。

この本には、ドミニクさんが公共図書館で司書たちと実践してきた60のアニマシオンの事例が紹介されていますが、モンセラット・サルトさんの著書のように、同じ本を複数揃えたり、あらかじめ読んでくることを推奨するような記述はありません。むしろ、図書館の百科事典的な多彩さを味わい、発見する「ディスカバー型アニマシオン」が紹介されています。

この本のなかで、翻訳者の辻由美さんは、「フランスで、アニマシオンとは図書館が利用者に向けて企画し、提案し、発信する読書と文化へのいざないの総称」なのだと記しています。すなわち、読み聞かせやおはなし、紙芝居、ブックトーク、作家との出会い、映像や画像の分析、ディベートに哲学カフェなど、図書館がおこなう文化的な催しや行事、つまり大人向けであれ子ども向けであれ、ありとあらゆる図書館の蔵書に生命を吹き込む活動のすべてを、アニマシオンと呼んでい

るのです。

　実際のところ、2015 年にフランスのアニマシオン研修に出かけ、2017 年にドミニクさんを鹿児島にお招きしたときのことを、第 3 章「フランスのアニマシオンに学ぶ」で詳述していますが、いちばん印象に残っているのは、どこの図書館でも「アニマシオンは、子どもの自立を支え、批判的精神をはぐくむ」目的があると話されたことです。

　私が住む鹿児島でも、太平洋戦争が終わって、人々がその日一日を暮らすのも精一杯という時代に、鹿児島県立図書館長に就任した児童文学者の椋鳩十氏は、「本を楽しむ型」と「本を利用する型」の異なる読書形態があることに着目しました。そして前者の普及のために「母と子の 20 分間読書運動」を提唱し、後者の普及のために「農業文庫」を展開しました。目指したのは、「地域住民の血液の中にまで流れこんでいくようなサービス」でした。

　椋氏は、『図書館雑誌』1963 年 9 月号に、「その日の生活にも困っている 5 人家族がいるとして、その家族のために、食料を運びこむのがよいか、5 人が生活できるだけの収入の道を考える方がいいか。5 人家族の、基本的な生活を考える方を選んだ」と記しています。椋氏が最終的な目標としたのは、フランスの図書館と同じように、「人々の自立」だったのです。

　農業文庫は、県内各地に派遣された大学教員や農業改良普及所や農協などの農業指導者たちが、地域の農業者と膝をつき合わせて、県立図書館から貸し出された専門書を読み、議論しながら、県内各地に養豚や養鶏、野菜などの新しい産地を誕生させました。母と子の 20 分間読書運動は、「親子読書」と名を変えて、幼児への読み聞かせ活動を含めて、県内外に広まっていきました。

　その後、県民の自立を目指したはずの農業文庫は、農業の衰退、農業人口の減少などにより、残念ながら活動の継続は困難になりました。また親子読書の方は、地域の幼稚園・保育園・小学校などに根をおろしてはいるのですが、大人の読み聞かせが中心で、子どもの自立を目指すイキイキした活動に発展しているとは言い難いのが現状です。

　フランスには、「図書館は、孤独な市民の最後の拠りどころ」との言葉があるそうです。

日本でも各地の図書館で、人々の「サードプレイス（第一の家、第二の職場・学校とともに、個人の生活を支える居場所。家庭や職場・学校での役割から解放され、一個人としてくつろげる場所）」となるべく、さまざまな試みが続いています。

　子どもに対しても、2015年8月末、鎌倉市立図書館のツイッターに「もうすぐ二学期。学校が始まるのが死ぬほどつらい子は、学校を休んで図書館へいらっしゃい。マンガもライトノベルもあるよ。一日いても誰も何も言わないよ。9月から学校へ行くくらいなら死んじゃおうと思ったら、逃げ場所に図書館も思い出してね」と書き込まれ、話題になりました。

　鹿児島でも、NPO法人 本と人とをつなぐ「そらまめの会」が運営する指宿図書館・山川図書館では、図書館にある畑でさつまいもやかぼちゃを栽培し、セミの羽化や星空観察会、「ツマベニチョウを育てるプロジェクト」など、実体験と本をつなぐ多彩な活動に取り組んでいます。詳しくは山川図書館長久川文乃さんの報告を参照していただきたいのですが、読書の好きな子も苦手な子も、物語の好きな子も自然科学の好きな子も、図鑑や実用書が好きな子も漫画にしか興味をもたない子も含めて、いろんな子どもたちがわくわくする居場所として機能しています。

　しかし全国的にみると、読書の苦手な子どもを含めて、自分の居場所として実感できるような図書館はあまり多くないのではないでしょうか。そういう意味では、日本の図書館員や教師、ボランティアなど、子どもの読書に関わりをもつ人にとって、2017年9月に、日本にお招きしたドミニクさんの講座やワークショップから学ぶ点は大きかったと思います。図書館サービス、とくに子どもの読書サービスを活性化させる契機になったと確信しています。

物語の世界〝体感〟

子どもと本つなぐ　アニマシオン活動

クイズやゲームで興味

読書の秋。二十七日から「読書週間」が始まった。子どもの活字離れや読書力低下が指摘され、読書への関心が高まる中、子どもたちと本をつなぐ「読書アニマシオン」が全国の図書館や学校などで広がっている。鹿児島市で二十一、二十二、二十三日に開かれたアニマシオン学習会では、物語にちなんだクイズやゲームなどを通し、読書の楽しみを知らせるさまざまな活動が紹介された。

（文化部・上仮屋美佐）

絵本の登場人物になって物語を体感する子どもたち。「次はどうなるのかな」。生き生きとした表情が印象的だ
＝23日午前、鹿児島市のかごしま県民交流センター

「アニマシオン」は、地域・読書ボランティアのネットワーク「子どものテン語で魂や生命を意味する「アニマ」が語源で、命や魂を生き生きさせると、活性化することを意味する「読書アニマシオン」は、スペインの児童文学誌編集者モンセラット・サルト氏が考案した読書指導法。一冊の本を題材に、内容に関する問題を出し合うゲームなどを行い、自主的に読書に親しむ子どもを育成する。サルト氏の著書が翻訳された一九九七年ごろから日本でも活動が始まり、一部では国語の時間にも取り入れられている。

学習会は、県内の学校・絵本は、あまり知られていない活動を学ぼうと初めて開催。全国の小学校の教諭や、保護者ら教諭、司書、読書グループ関係者ら六十九人が参加した。二十三日のワークショップは、岩辺泰吏代表（五五）を講師に、講演やワークショップを行った。

幼児から小学六年生まで五十人が、保護者や教諭、司書、読書グループ関係者ら六十九人が参加した。二十三日のワークショップは、三日さんが絵本「かぜのでんしゃ」（谷内こうた作・講談社）を取り出した。絵本は、全体の三分の二

子どもたちは挿絵を見ながら「トンネルがある」「雲の向こうに線路が続いている」などと話し合い、画用紙に言葉をまとめた。岩辺さんは参加者に各グループの言葉をつなぎ、一つの物語として最後まで朗読。参加者は「自分たちで物語を作った」と語った。

たくさんの動物が大きな木の下で雨宿りをする絵本「すてきなあまやどり」（バレリー・ゴルバチョフ作・徳間書店）をテーマにした。参加者は参加者に配り、物語を記したカードを配り、いろんな動物役で登場し、ストーリーを体感させた。大人も子どもも自分の番が来るのをわくわくしながら待ち、いざ出番となると歓声を上げて木役が掲げると訴えた。

分たちがその中に参加できたようだ。

岩辺さんは「アニマシオンを〝わくわくすること〟と定義し、読書アニマシオン「本を読む技術ではなく、本を愛することを教える手法」と語る。「一番大事なことは、子どもと物語の読み聞かせ」と力を込め、それぞれの作品の持つ〝味〟を考えて、子どもと一緒に本を楽しむ姿が大切」と訴えた。

ほどにあたる真ん中の十一場面は絵だけ、というユニークな〝つくり〟。初めにページをめくって読んだり見せたりした後、参加者を十一グループに分け、絵だけの場面のストーリーを考えさせた。

武小学校（鹿児島市）六年の福山智（君は「どの活動も面白かった。本を十分楽しめた」と笑顔。坂元台小学校（同）で五年生を担任する脇みどり教諭（三は「読みなさい」だけでは伝わらない物語への共感が深まった。

「読みなさい」だけでは伝わらない物語への共感が深まった。

鹿児島市で初の学習会

岩辺先生を迎えて、鹿児島で初めて行われたアニマシオンセミナー
（2005年10月28日付、南日本新聞）

フランス生まれの教育法「アニマシオン」

ゲーム感覚で考え深める

鹿児島市で学習会

「アニマシオン」という手法が注目を集めている。ゲームやクイズなど遊びながら子どもの興味や関心を引き出すフランスで生まれた「アニマシオン」。日本では1990年代に紹介され、最近では、読書好きを育てようと主に図書館活動や国語の授業に取り入れられてきた。社会科や算数での活用も始まりつつある。鹿児島市で6、7日に開催された学習会でも授業例の発表があった。

チョコレートを通した社会アニマシオンの一場面＝7日、鹿児島市の県民交流センター

わくわく感 学びの場に

「苦い」「まずい」―。ココアにした途端、小学生と保護者は顔をしかめた。「このおいしいチョコが抱える問題を知っていますか」。ヨコレートの甘さを体験した参加者に語りかける。「このおいしいチョコが抱える問題を知っていますか」

お湯に溶かしたカカオを口にした途端、小学生と保護者は顔をしかめた。

オン。講師で「読書のアニマシオン研究会（アニマシオンクラブ）」（東京）の笠井英産事務局長は、砂糖を入れてみるように促した。「おいしい」「子どもが見ているのはチョコレートの味だ」

カカオ農園で横行する児童労働、生産者に利益が多く分配されるフェアトレード…。説明を受けた小学生は「自分に何ができるかな」「デパートでできるかな」。

学習会は県内の学校・地域・読書ボランティア「子ども読書クラブ」が主催。同クラブの岩切泰史代表は「どきどきわくわく感が大切。気持ちが入ると自然に集中できる」と語る。

本当の問題子連れ約100人が参加。さまざまな科目での応用方ができる。もっと広め、授業への導入を進めることが必要」と語る。

読書アニマシオンのやり方について学ぶ児童と保護者＝6月、和泊町の国頭小学校

アニマシオンは、ラテン語で「魂を揺さぶる」の意味。先進国のフランスやスペインでは、ゲーム感覚でみんなが一緒に楽しみながら学校の授業や文化活動に取り入れられている。

鹿児島県内でも認知度は高まりつつある。指宿市では職員研修会やPTA部会で職員アニマシオンを実演、紹介している小学校がある。今年9月には興味を持つ教師や司書が集まり学習会も行われる。

和泊町では図書館職員が中心になって活動を展開。「日本での学習は知育に偏りがちだが文化的、社会的な要素も取り入れるべき。活動の幅を広げながら、活動を進めることが大切」と話す理子さんは「幅広い使い方ができる。もっと広め、授業への導入を進めること」と語る。

フランス近代の社会教育を研究する志学館大学の岩橋恵子教授は「アニマシオンは、教育的、社会的な価値を認めていく活動」と位置づける。「日本での学習は知育に偏りがちだが文化的、社会的な要素も取り入れるべき」と指摘する。

第5回アニマシオンで遊ぼう！
（2009年8月16日付、南日本新聞）

素晴らしき哉、アニマシオン

読書ボランティア　大瀬和代

　アニマシオンの「ア」の字も知らなかった12年前（2005年）、種村さんの「とってもおもしろいのよ～～」ということばと笑顔に思わず引き寄せられたのは、今思えば、「運命の出合い」だったのでしょう。文庫や小学校での活動につながればいいなぁ……、という軽い気持ちだったのですが、どうして、どうして！　アニマシオンを通じて得たものは、「読書活動の幅の広さと深さ」、「志を同じくする仲間との出会い」という何にも代え難いもの。同時に、「視野を広げる必要性」や「想いを共有する大切さ」など、アニマシオンに関わっていなかったらどうなっていたことかと思われるほど、私自身の人間形成にもかなりの影響がありました。

　その中でも特に感じることのひとつは、読書活動の中で触れる機会のあまり多くない「詩集」にもスポットを当てられるということです。子どもたちと一緒に「ことばの楽しさ」を共感し、「ことばのおもしろさ」を実感できるひとときは、ネット社会の現在、特に意識して取り組みたいことのひとつです。また、「詩」のアニマシオンは準備に比較的手間がかからないため、授業の最後の短い時間や、催しの中のひとコマとしても取り組みやすいのもうれしいことです。

　数年前に東京のアニマシオン研究会の小山先生から、まど・みちおさんの詩「つけもののおもし」を紹介していただいて以来、私もいくつかの詩に取り組んできました。その中で、子どもたちのことばそのものに対する「気づき」や「笑顔」をたくさん見ることができました。活動する中で、子どもたちが様々な詩に触れ、ことばそのものに興味を持ち、自分の考えを表現しながら他人と触れ合える。それはやがて広い意味で「世界の平和」につながるのではないか、と考えるようになりました。以来、私の中で、「アニマシオンは平和活動の出発点」という位置付けで取り組むようになりました。中には、とてもおとなしい子どもたちもいて、思うようにいかないことでへこむこともありましたが、「ともかく出合うことから始まる」と割り切って活動できるようになりました。文庫活動でも、毎週のおは

なし会の前に、その時期のテーマを決めてミニアニマシオンをするようになりました。

　子どもの本かごしまにおいては、鹿児島の夏の風物詩ともいえる「子どもと一緒にアニマシオン」こそ、特筆すべき活動といえます。この十年余り、東京アニマシオン研究会の岩辺泰吏先生と笠井英彦先生が、毎年新しい切り口を引っ提げて来鹿され、子どもと大人が共に楽しめる読書活動として、全国に先駆けての恒例の催しとなりました。今後の展開がとても楽しみです。

　最後に、声を大にして言いたいです。

　「アニマシオンって……、とっても、とっても、おもしろいのよ〜！」

どんなふうにも工夫し、楽しめるアニマシオン

読み聞かせボランティア　有馬尚美

　今から5、6年前、よく行く絵本専門店にあった講演会のチラシ。そこにあった"アニマシオン"という聞きなれない言葉。その響きになぜかワクワクドキドキ、誘われるようにその講演会に行きました。

　それは、山川図書館館長の久川文乃さんと辻由美さんが一緒にフランスへ行かれ、そこで見てきたフランスの図書館の様子と、そこで行われているアニマシオンというものを、映像や写真を交えて紹介してくださる講演会でした。

　そこにはまず、小さい子どもたちに向けてのカラフルなお部屋やディスプレイ、いろいろな面白い仕掛けがあったり、そこにストーリーもあったりで、自然に絵本への興味を駆り立てられるようで、大人の私もワクワクして引き込まれてしまいました。これっていったいなんなんだろう？と、新たな世界へのいざないを感じました。

　そのとき紹介された、立体的な仕掛け絵本。ほとんど文字はありません。その絵本の世界を、BGM を使ってうまく表現し、また、絵本を動かしながら見せることにより、より視覚を刺激されて、ますます引き込まれました。

そして、フランスの現状が紹介された後、実際にアニマシオンを体験しました。確か、カードを3枚引いて、そのヒントから本のタイトルをあてるクイズだったと思いますが、久川さんの巧みな演出にどんどん楽しくなって、最終的にはその本を読みたい！という気持ちにさせられました。こんな本の紹介の仕方があることを全く知りませんでした。

　しかもあとから、アニマシオンとは、命、魂を、生き生きワクワクドキドキさせる様々な活動全般を意味していると知って、また、最終的には自立した市民を育てるために行う活動であるということもわかって、ますます素敵なことだと思いました。今の子どもたちに最も必要な活動ではないかと実感し、子どもたちにもぜひ体験してほしい、伝えたいと思いました。

　何より私自身が楽しくて、想像力や知的好奇心を刺激され、仲間とともに活動することで世界の広がりを感じ、人生が豊かになっていくと感じられるアニマシオン。だからこそ、惹かれるのではと思っています。

　私は読書ボランティアとして、小学校で、朝の10分間の読み聞かせの時間にアニマシオンを取り入れることにしました。ありがたいことに、私はかごしまアニマシオン倶楽部の仲間に入り、勉強会にも参加して、メンバーが実演するアニマシオンを体験することができます。おかげで、どんどんレシピがたまっていきました。そのレシピをもとに、いくつか実践してみました。

①小学校1年生：『だるまさんが』（かがくい ひろし．ブロンズ新社）

　だるまさんのようすを表す擬態語のところを隠して、子どもたちにはだるまさんの絵だけを見せ、自由に想像したことを言ってもらいました。

　子どもたちはだるまさんと同じ格好をしながら、いろいろな擬態語を言い合い、言葉を楽しんでいました。

②低学年：『ゆうたはともだち』（きたやま ようこ．あかね書房）

　犬のおれと、ゆうたの違いを一言で表しているこの絵本。どちらかを隠して、子どもたちに考えてもらいます。「おれいぬ」「おまえ・・・」というように。絵を見ながら子どもたちは想像します。犬と人間の違いを考えます。

　最後の「だけど…」「だから…」に、子どもたちの気持ちが反映します。

③中学年：『きらい』（二宮由紀子／文，永島正人／絵．解放出版社）

あるものの嫌いなところが書いてあります。それが何なのか、私にとっても難しいものがありました。あるものをそれの対であるものから「嫌い」という視点で見る。なかなか普段はないことで、発想の転換を体験しました。

　小さい絵本なので、絵は見せずに文章だけで想像してもらいました。最初は難しく、何回も読むことでだんだんわかっていき、わかってくると楽しくなり、わからなくても答えを言うと、「あーーー」と歓声が上がりました。

　ただ絵本を読むよりも、アニマシオンを取り入れることにより、みんなで一緒に楽しむ体験ができます。笑顔もあふれ、友だちの発想にも触れ、まさに、ドキドキワクワクを感じることができます。見たい、知りたい、読みたい、やってみたい……、そんな気持ちを引き出してくれると思います。

　アニマシオンは、こうしなければならないという正解がないところが、私は素晴らしいと思っています。子どもたちと、この本を楽しみたいと思う気持ちで考えたことであれば、どんなふうにも工夫していいと思います。それを考えているときが、私にとっては最もワクワクドキドキするときです。

私とアニマシオン

図書館ボランティア・読書ボランティア　鳥羽啓子

　「アニマシオンやりたいから、会をつくって」「はぁ？」。この会話から鹿児島のアニマシオンが始まったような気がします。最初の言葉は、会の代表の種村さんのもの。それに続いて、「アニマシオンって何？」「アニマシオンってとっても楽しいのよ、ワクワクするの。子どもたちに本をつなげていくの」「わかった。会の名前はどうする？」「まかせるわ」。彼女の無茶振りに「じゃあ、子どもの本につなげていくのだから『子どもの本かごしま』ね」と、トントン拍子に会が生まれました。

代表の種村さん（当時大学教授）、学校司書の岡元さん、公共図書館司書の久川さん、読書ボランティアの大瀬さんと鳥羽の5名から始まり、そのまわりの方々を巻き込んで、現在12名。司書と教師とボランティアのネットワークとして形ができてきました。

　でも鹿児島はまだ、アニマシオンの「ア」の字も知らない人ばかりの時代でした。「アニマシオンって何？」「アニマシオンで遊ぼう！」と、東京からアニマシオン研究会の岩辺先生、笠井先生にいらしていただき、みんなでアニマシオンは全身で楽しむものということを実感しました。お二人はこの13年、毎回新しいものを鹿児島に持ってこられ、アニマシオンの無限の可能性を教えてくださいます。鹿児島のアニマシオンは、このお二人と、アニマシオンを始めようと声をあげた種村さん、一緒に活動している実行委員、以前鹿児島にあった児童書専門店「えほんばこ」の店長、今村潔司さん（故人）をはじめ、支えてくださる書店員さんたちの草の根的な力で広がってきたと思います。

　本やおはなしをまるごと届けている読書ボランティアという立場にとって、アニマシオンは必要なのかという葛藤の時期もありました。でも、学童に本を手渡す手段としてアニマシオンを実践してみると、子どもたちの生き生きした様子に驚かされます。本を通しての仲間づくり、それぞれの想像力や発想力と、予期せぬ副産物が多く、子どもたちが子ども本来の姿で本の世界を楽しんでくれているのがわかります。子ども時代にどれぐらい本を楽しんだかで大人になってからの読書が違ってくると言われますが、ただ子ども時代に本の世界を楽しんだという「幸せな経験」は、生きていくうえでの大きな力になるのではないでしょうか。

私とアニマシオン

鹿児島市立小学校司書　前原華子

　「アニマシオンは、心をドキドキわくわくさせるものだよ。みんながこの作戦が終わった後に、少しでも楽しかったって思ってくれたらいいな」

　私は子どもたちとアニマシオンを楽しむとき、いつもこの言葉から始めます。最初は「？」マークをいっぱい飛ばして怪訝な顔をしていた子どもたちが、だんだん笑顔になっていくのが大好きです。そのあと、どや顔を見せてくれたら、作戦は大成功！　さらに、本を手に取ってくれたら大・大・大成功！！

　こんなに楽しいアニマシオン。けれど、とてもじゃないけど自分で作戦を作るのは難しいと思っていました。それが、子どもの本かごしまに入ったことで変わったのです。驚きのチャンスは沖縄で行われた全国交流会への参加でした。私はそこで、アニメーターとして実践することになったのです。テーマは椋鳩十。このアニマシオンで、作戦を生み出す苦しみと楽しさを存分に味わいました。下調べのために姶良市加治木町にある椋鳩十記念館に行き、作品に使われている動物の写真を撮るために動物園にも行きました。きっと、とっても怪しい人だと思われたのではないでしょうか。

　そうやって出来上がったのが、「椋鳩十でアニマシオン」です。沖縄での発表に先駆けて、初披露は学校図書館の夏休み特別企画でした。その日、まずは椋鳩十さんに変身しなきゃと思い、兄の浴衣と父の雪駄を借り、ループタイもつけてみんなを待ちました。私が「いらっしゃい」と挨拶すると、子どもたちは、きょとん。先生たちは、唖然。でも、何かが起こるなという予感だけは感じてくれたと思います。アニマシオンが進むにつれて、子どもたちは笑顔を見せ、問題を解いては得意そうな顔をしてくれました。おみやげは、動物の写真と椋さんの物語を紹介したしおりです。その後このアニマシオンは、沖縄で、勉強会でと実践を重ねています。

その後も、アニマシオンはたくさんの驚きをプレゼントしてくれました。フランスの研修にも行かせていただきました。たくさんの笑顔と、「できるわよ」の言葉に背中を押されながら、チャンスをいっぱいもらっています。

アニマシオンは、心をわくわくドキドキさせてくれます。そして、たくさんの笑顔

アニマシオン実践中の筆者

と出会いに彩られています。このドキドキわくわくと笑顔をたくさん楽しんで、いつか私も誰かに、「できますよ」って言えるようになれたらいいなと思います。

みんなでつながるアニマシオン

指宿市立小学校司書　野間美里

「先生！　きょうも何かアニマシオンするの？」

図書館に来た子どもたちが、大きな目をキラキラさせながら聞いてきます。

図書の時間や担任の不在時などに、なにかしらアニマシオンを実施するのが定番になりつつあります。もちろん、貸出後に静かに読書をする通常の図書の時間も大切にしながら、担任とよく相談して、最後の15分は「ダウト」をして遊んだり、時にはまるまる1時間、アニマシオンをさせてもらうこともあります。アニマシオンを心待ちにしてくれている子どもたちもいるので、ネタ帳ならぬネタファイル（学習会に参加してもらったアニマシオンの資料集）を開きながら、次は何をしようかなと考えるのが至福の時間です。

ただ本来は、担任も一緒にアニマシオンを楽しんでもらうことが理想です。出張などで担任不在の場合は授業が終わった後で、子どもたちの様子が分かるように写真入りの簡単な報告書を届けるようにしています。

前任校では、学期ごとの読書週間・読書旬間の昼休みに必ず1回、年に3回は、

全校児童を対象にアニマシオンを行っていました。

　子どもたちのお気に入りは、みんなで探偵になって推理を楽しむものや、ゲーム性の高いものです。基本的に、1 年生から 6 年生までの縦割りでチームを組むようにしていました。「必ずチームのメンバー全員で考え、退屈する人がいないようにすること」をルールに、上学年の子どもたちが上手に下学年の子どもたちに声掛けをして、みんなでワイワイ取り組んでいました。おかげで、普段なかなか交流がない子ども同士が話をするようになり、学年に関係なく、みんなで同じものを楽しむ様子が見られました。6 年生の男の子が卒業記念の色紙に書いてくれた「すごろく de アニマシオンが、とても楽しかったです」というメッセージを読んだときには、胸が熱くなりました。

　現在の小学校に来て 2 年になります。現段階では希望者を集めて行うスタイルですが、もっとたくさんの子どもたちに参加してほしいなと思っています。絶対に楽しんでもらえる自信があるからです。とくに、なかなか時間をもらうことが難しい高学年にも、短くてもいいのでアニマシオンを実施できるよう、先生方に働きかけていきたいと思います。

　私自身は、ネタ元であるアニマシオンの学習会に参加することで、とても元気をもらっています。素敵な出会いの場であることも魅力の一つです。そして初対面でありながら、アニマシオンを通して「つながっている」と感じることができます。

　そんなふうに自分が体験した“魂のワクワク感”を、ぜひ自分の学校の子どもたちにも味わってもらいたいと思います。今はまだ、学んだものを少しアレンジして実施することが多く、自分で考案したものを子どもたちに届けるという課題が残っています。これからも、目の前にいる子どもたちの笑顔とキラキラした眼差しを糧に、より多くの子どもたちに「図書館って楽しい！　本っておもしろいな」と思ってもらえるような取り組みを、日々考えていきたいです。

友だちと楽しい時間を

鹿児島市立小学校司書　大園美千代

　数年前から、毎年楽しみにしていることがあります。それは夏のアニマシオンセミナーです。子どもたちに本を届けるために参加していますが、気づけばいつも私自身が夢中になって楽しんでいます。そしてセミナーをきっかけに、自校の子どもたちと一緒にどんなことができるかを探る毎日です。

　ここでは私が行ったアニマシオンでのエピソードをいくつか紹介します。

1冊の本からアニマシオン

　『びゅんびゅんごまがまわったら』を体験しよう！

　2年生の図書の時間のことです。『びゅんびゅんごまがまわったら』（宮川ひろ／作，林 明子／絵．童心社）を途中まで読んだあと、実際に手作りのコマで「びゅーんびゅーん」とやってみせました。すると案の定、子どもたちから「やってみたい」コールが飛び交い、1人の子にやってもらうことに。最初はなかなかできずにいましたが、そのうちに回るようになり、最後は大喝采。全員が満足げな顔で図書館を後にしました。そのコマは「図書館に来たら貸してあげるよ」と言っていたのですが、担任の先生の計らいで、なんと学級で牛乳パックのコマを手作りしたというのです。ハマって楽しんでいる子がいるとの話を聞いたり、図書館に来ては「先生、見て！　足技もできるようになったよ」と見せてくれる子もいたり。担任の先生の働きかけをとてもうれしく思ったことでした。

1人の著者でアニマシオン

　これは、第2章のレシピにも書いた「レオ・レオニ」のアニマシオンです。国語で「スイミー」の学習をする2年生に、もっとレオ・レオニの本に手を伸ばしてもらいたいとの願いから生まれました。友だちとペアでクイズを作り、そのクイズを本と一緒に図書館に展示して、より多くの子どもたちにレオ・レオニの作品を手に取ってもらえるような工夫をしました。

　図書館内に展示することで、他学年もクイズを楽しむ一方、「2年生だけずるい。

私たちもやりたい」という声も聞こえてきました。当の2年生は初めてに近い共同作業だったようで、「友だちとクイズを作るのが楽しかった。またやってください」という感想を多くもらいました。担任の先生からも、「並行読書をさせたかったので、ちょうどよかった。子どもたちも楽しかったから、そういう感想が出たんだと思います」とうれしい言葉をいただきました。

　以前、卒業生から学校への一言コメントで、「運動会が楽しかった」「給食がおいしかった」などと書かれている中、なんと数人が図書館のことを書いてくれました。「本がまだまだ読みたかった」「もっと本を増やしてください」。さらには「図書館が居心地よかった！」というコメントまで。これまでアニマシオンを通して本を届けてきた私にとって、忘れられない言葉です。

　2015年3月には、パリでのアニマシオン研修にも参加しました。日本の図書館のイベントは、読み聞かせなどのおはなし会が中心ですが、パリではなんとも豊富なアトリエ（アニマシオン）が行われていました。例えば、図書館内で子どもたちと一緒にハーブを育て、そのハーブを使って料理をするクッキングのアトリエ、パソコン初心者のために使い方を教えるマルチメディアのアトリエ、学校とパートナーシップを組んでの学習支援や、著者との出会いのアニマシオン。可動式の書架を動かし、ヒップホップで利用者とともに汗を流す、なんてことも…。「分類の数だけイベントができる」と聞いたことがありましたが、図書館ってこんなに何でもできるんだ！これぞ生涯学習の場！と、改めて図書館の可能性を感じました。

仲間とともに取り組むアニマシオン

鹿児島市立小学校司書　橋本華奈

　私がアニマシオンを知ってから、すでに10年以上たちました。いつも研修に参加しては、こういうことができたらいいなと思いながらも、なかなか実行できな

いまま時間が過ぎていきました。

　そんな中、夏のアニマシオンセミナーで鹿児島のメンバーも実演をすることになり、私にも出番がめぐってきました。それまでセミナーを受けて、どのようなものかは分かっていたはずなのに、いざ自分たちがやるとなるとなかなかに難しいものです。何度も話し合いをして、やっと出来上がったものをドキドキしながら実演しました。たどたどしく、あまりうまくできなかったのが残念で、次こそはもっとうまくやろうと反省。自分の職場でも、子どもたちに向けてもっと楽しいものをやりたいと、がんばるようになりました。もともとクイズやゲームをするのが趣味で、本を使ったクイズを考えるのはとても楽しく、妹にもアドバイスをもらいながらいろいろと作っていました。

　その後、沖縄であるアニマシオンの交流会で、鹿児島からも実演をという話がやってきました。私と前原さんの二人で、鹿児島ゆかりの椋鳩十をテーマにアニマシオンをしようということになり、そこからひたすら椋鳩十さんについて調べました。どうすれば参加者も楽しめるだろうかと考え、子どもたちに実際にやってもらいながら準備をして、沖縄へと出かけていきました。そこでいろいろな意見をもらい、自分はまだまだだとくじけながら帰ることになりました。でもその後、いろいろな場所でやらせてもらい、少しずつ改良を加えて今の形になりました。これも、相談に乗ってくれる仲間たちのおかげです。

　その後、フランスの本場のアニマシオン研修ツアーにも参加しました。飛行機が苦手な私が、12時間も飛行機に乗って出かけた研修は驚きの連続でした。フランスには、日本では考えられないような専門ごとの司書がたくさんいて、それまで思っていたよりもっと多くの、さまざまなことがアニマシオンだということを知りました。毎日新しい発見があり、日本との違いや図書館のあり方、自分のこれからを考えさせられました。

　そして、この時のフランス研修では日程の関係上見られなかったドミニクさんのアニマシオンを日本で、しかも鹿児島で聞けることになり、驚きとともに、とても素敵な体験ができました。音楽や匂い、絵画など、すべてを使ってのアニマシオンは想像以上に楽しく、とても勉強になりました。小学生とともにやったアニマシオンも、気がつけば子どもたちと一緒になって夢中で参加していました。

　知れば知るほど奥の深いアニマシオン。子どもたちが楽しみながら、本を好き

になってくれるにはどうしたらよいかと考えながら、日々アニマシオンに取り組んでいます。

2015年夏　アニマシオンセミナー

おもしろかったよと言ってもらえるのを励みに

肝付町立小学校司書　大田みほ

　司書資格をとるために2年間勉強したけど、こんなの習ったかしら？

　「読書のアニマシオン」という言葉を聞いた時、これが資格をとってから10年以上図書館に関わらずにきた私の正直な感想でした。

　私は鹿児島県の大隅半島にある小さな町で、小さい学校を複数担当しています。学校司書として働き始めたのも、夏のアニマシオンセミナーに参加したのも偶然のことでした。しかし実際に学校司書になって、「今の図書館ってこうなんだ！」という驚きと焦りを感じ、勉強しようと決めました。ただ、学校に司書は一人だけ。他校の司書がどう活動しているのか知ることもなく、前任者から引き継いだまま必要な仕事をしていれば勤まってしまうところがあります。しかし、学校の図書館だからこそ味わえる楽しみを提供できれば、私のような「学校司書」がいる価値があるのではないか。そう考えていた時、アニマシオンを体験する機会に恵まれました。楽しくて、「これは学校でやってみなくっちゃ！」とウキウキしたものの、実際に行うのには2年ほどかかってしまいましたが。

　私はアニマシオンに出会う前から、図書館の実務だけでなく、子どもたちと本の橋渡しをしたいという思いをもっていました。週に1回程度行く学校で、昼休

みにクイズ大会を行ったり、本を借りた数だけシールを貼るカードを配ったりしていました。思いつきで始めるイベントを先生方は快く受け入れてくださったのですが、授業時間を使わせてもらって実践するのは、学力向上の気運が高まりつつある中ではハードルが高く感じられました。

　アニマシオンに出会って最初にしたことは、学校行事の読書まつりでの挑戦です。アニマシオン学習会で体験した宮沢賢治のアニマシオンをそのまま真似て、その時のイベントを終えました。なんか変わったことするなあという程度の反応かと思っていましたが、先生方や子どもたちから「おもしろかったよ」と言ってもらえたので、正直ホッとしました。

　その後、新しく赴任してきた先生方から、「この学校の図書館の人（司書）は、おもしろそうなことをやってくださると聞いたのですが」と話しかけられることが増え、巡回先の学校内でアニマシオンの浸透を感じるようになってきました。

　私のこれからの課題は、図書館での授業の際に読み聞かせの時間をもらい、短いアニマシオンを取り入れていくことです。鹿児島市で行われるセミナーや学習会に大隅半島から参加するのは大変ですが、これからも子どもたちと一緒に楽しみながら、私も司書として成長していきたいと思います。

アニマシオンの奥深さに驚き

指宿市立小学校司書　出森郷子

　私がアニマシオンという言葉を最初に聞いたのは、指宿図書館に勤務している頃のこと。初めてアニマシオンの講座を受講することになり、「いったいどんなものなのだろう？」と、緊張でドキドキしながら参加しました。

　その時に体験したのは、安野光雅さんの『旅の絵本』（福音館書店）を使ったアニマシオンでした。本は読むだけでなく、こんな楽しみ方があるのかという驚きと、今まで体験したことのない世界にふれて、とても不思議な気分になったのを覚えています。その後も参加するたびに、チームの人たちと答えを導きだす楽しさや、

自分の意見を受け入れてもらえるうれしさを味わっています。

　2017 年はアニマシオンとは？ということをじっくり学べた年でした。それまで、アニメーターの方たちはどのようにしてアニマシオンを思いつくのだろう、アニマシオンはどうやって作ったらいいのだろう、と悩んでいたのですが、夏休みのアニマシオン講座やドミニクさんの講座を受講したおかげで、たくさんのヒントが得られました。色々なものがアニマシオンに使えること、発想を膨らませ、アンテナを張り巡らせることも大事なのだと感じました。

　ドミニクさんは図書館司書のアニマシオンについても話してくれました。これもアニマシオンだったのかと思うようなものもあり、本だけでなく様々なものと結び付けられるアニマシオンの奥深さに驚きました。また、「司書の仕事は三分の一が利用者サービス、三分の一がアニマシオン、残りの三分の一が準備の時間である」という言葉が印象に残りました。

　また、ある講座のあとにアニメーターの方から、子どもたちがいかに楽しく参加できるかに心を配っているという話を聞きました。そういえば、アニメーターの方々はみな、とても楽しそうにいきいきと話をしています。自分でアニマシオンをした時は、緊張のあまり笑顔がなかったかもしれないということに気づき、参加する人が発言しやすい空間を作っていくのも大切なことなのだと知りました。

　今までたくさんのワクワクの種をいただいてきました。自分が体験したドキドキ・ワクワクを、今度は学校の子どもたちと一緒に見つけていきたいです。

ドミニクさん講座 in 山川図書館

アニマシオンとの出会いから今日まで

鹿児島市立小学校司書　岡元涼子

　「アニマシオン」に出合ってから、もう15年が過ぎようとしていることに、改めて感慨を覚えています。初めの頃は、アニマシオンを説明しようと思ってもなかなかきちんと表現できず、相手にも伝わらなかったことを思い出します。もともと私自身が早口だったこともあり、よく聞き返されていました。その度にゆっくりと言い直しながら、自分自身にも確実な言葉として記憶できるよう反芻していたような気がします。

　言葉一つにしてもこんな調子でしたから、最初に実践したアニマシオンとなると、今思い出すだけでも恥ずかしさでいっぱいになります。見たことも聞いたこともないことを一冊の本を読んだだけで、さも以前から知っていたような顔をして人前で披露する。今考えるとなんと無謀なことをと思わざるを得ませんが、その時の私はとりあえず一所懸命さだけで乗り越えたように思います。

　その直後、種村先生から「来年はアニマシオン研究会の岩辺泰吏さんに、鹿児島に来てもらえるかもしれない」と知らされました。そして翌年の夏、岩辺先生ほか講師の先生方にお会いして、実際的な活動方法や本の選び方などの話を聞くなかで、楽しさだけでなく難しさもあることを改めて思い知ることとなりました。それまでは本に書かれていることをただ模倣するだけで、何となくできるような気になっていたからです。

　そんな始まりから今まで、どれだけ成長できただろうと考えてみたけれど、まだまだだなあと思うばかりです。こんなにもたくさんの本に囲まれながら、その活用方法を見いだせない、本を生かしきれない、魅力を伝えきれないでいることに歯がゆさを覚えます。あとどれくらい子どもたちと接していけるか分からないけれど、アニマシオン本来の意味を違えることなく、一冊でも多くの本を紹介し、楽しんでいけたらいいなと思います。今まででも、そしてこれから先も、主役は子どもたちなのですから。

アニマシオンって何ですか？

鹿児島市立小学校司書　増山桂子

　今年（2017 年）の夏、なんと学校図書館問題研究会全国大会でアニマシオンの実践をする機会をいただき、いくつかの出版社に著作権利用申請の問い合わせをしました。すると、どの出版社も口を揃えて、「アニマシオンって何ですか？」という質問を返してきました。電話なので得意の身ぶり手ぶりは使えません。「ああ、アニマシオンとはですね……」と、しどろもどろの説明でももちろん伝わらず……。結局、アニマシオンのレシピを FAX しては補足説明を繰り返し、何とか許可をいただきました。

　そんな私も司書としての勤務年数はまだ浅く、「アニマシオンって何ですか？」と聞かれると、未だ四苦八苦の状態です。しかもアニマシオンの実践は昨年、学校図書館勤務になってから始めたと言ってもいいぐらいなので、まだまだ自信を持って説明できる知識も経験もありません。それでも「子どもたちと楽しみたい！」という気持ちだけで、時間を見つけては日々、アニマシオンを行っています。その気持ちが届いているのか、ただわが校の子どもたちが優しいだけなのか、みんな楽しんでくれているように見えます。

　ここで、学校でのアニマシオンの様子を少し紹介したいと思いますが、話は今年 9 月にあった、アニマシオンの本場フランスでの取り組みを学ぶ機会にさかのぼります。その中で、絵本の読み聞かせに合わせて、即興で色々な楽器を使って音をつけていくというものがありました。そこで使われた絵本に、『LE PETIT CHASSEUR DE BRUITS』というのがありました。通訳の方が『小さな音の狩人』と訳されたその絵本が、ちょうど読書月間での図書ボランティア委員会の出し物にぴったりなのではと思い、早速、学校で委員会の子どもたちに提案してみました。フランス語の絵本で、しかも手元に本もありませんでしたが、簡単にあらすじを話し楽器で音をつけて説明すると、「話が繰り返しで簡単」「音をつけるのが楽しそう」と賛成してくれました。

　しかし、いざ決まっても読み聞かせする絵本がないので、劇にすることにしました。また、絵本では「男の子」「風」「雨」「雷」の 4 人が登場しますが、委員会

のメンバーは6人です。そこで「ナレーター」と「鳥」という新しい登場人物を加え、タイトルもみんなで考えて『音さがしの旅』に変えました。

　次に台本です。「音がない国に住む男の子が、音探しの旅をする」というあらすじに沿って、私が大まかな繰り返しの話を作り、委員会の子どもたちが、それぞれ自分のセリフを考えていきました。それと並行して、登場人物のお面や衣装・小道具の準備も子どもたちに任せました。

　さあ、いよいよ発表当日の朝です。読書月間中の、朝の児童集会の時間を予定していたのですが、なんと「風」役の男の子が風邪で遅刻とのこと！　子どもたちは図書館に集まり、「先生、どうしよう。せっかく練習してきたのに……」と不安顔です。でも、ここでへこんでいても始まりません。

　「じゃあ、先生が風役を代わる？　それとも風なしで雨から始めてもいいんじゃない？　みんな、この絵本知らないんだし」とアドバイスしました。すると、「そっかぁ、みんな知らないから、風がいなくても大丈夫だね！」と、元気を取り戻してくれました。もちろん発表は大成功！　その日の昼休みには、図書館で音付け、絵本体験のおはなし会も行いました。

　実は児童集会での発表前に、すでに『LE PETIT CHASSEUR DE BRUITS』が翻訳されていて公共図書館にあることを知り、あわてて借りに行っていました。翻訳された絵本のタイトルは『ちいさな　ぽむさん』（シルヴィ・ポワレヴェ／作，エリック・バトゥー／絵，谷内こうた／訳．主婦の友社，2007）。このタイトルを聞いた子どもたちは「ええ〜っ。私たちの考えたタイトルのほうが絶対いい！」「ポムさんって誰？」と大盛り上がりでした。もちろん、私も子どもたちと同じ気持ちです。でも、この翻訳絵本があったおかげで、昼休みのおはなし会ができました。

　おはなし会は、はじめのうちこそ私が絵本を読み、音をつける子に合図を出していましたが、音づけをしたい子が多くて何度も繰り返すことになったので、途中からは読み手も子どもたちに代わりました。こうやって1冊の絵本を使って、子どもたちがお話やタイトルを考え、劇へと発展させ、その劇を見た他の子どもたちがおはなし会に参加するという、学校全体を取り込んだアニマシオンになりました。

　このように試行錯誤しながらも楽しくアニマシオンをやっていますが、残念ながら「アニマシオンって何ですか？」という質問には、まだうまく答えられません。

でも、まずは目の前の子どもたちに「アニマシオンって、みんなと一緒に楽しめること！」と実感してもらえれば、きっと、この質問にもうまく答えられるようになる気がします。そんな日が、いつか来ることを信じて、これからも子どもと一緒に楽しんでいきたいです。

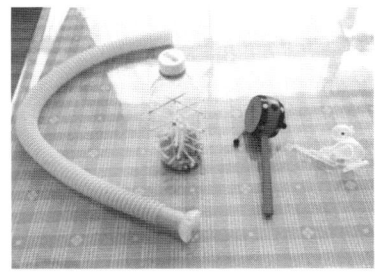

『音探しの旅』の劇で使用した楽器。左から、ハーモニックパイプ（風）、レインスティック（雨）、でんでん太鼓（雷）、鳥笛（鳥）。

図書室を楽しい空間に！

鹿児島市立小学校司書　屋田優奈

　私がアニマシオンと出会ったのは、まだ自分が司書になるなんて考えてもいなかった時でした。なんといっても算数教育について研究を始めた後に、司書になるという選択をしたのですから、アニマシオンと出会ったことが私の人生を変えたと言っても過言ではありません。

　小学校の先生を目指して大学の児童学科に在籍していた私は、偶然、種村先生の授業を選択しました。そこにアニマシオンの特別講師として招かれたのが特定非営利活動法人 本と人とをつなぐ「そらまめの会」のみなさんでした。保育士のようなエプロン姿の下吹越（しもひこし）かおるさん、なぜだか白衣を着て虫採り網を持った久川文乃さん。アニマシオンを全く知らなかった私は、何かの研究をすることがアニマシオンなのだろうかと考えたものです。講義が始まりアニマシオンに参加し

てみると、私自身が子どものようにはしゃいでいました。小学校でこんな授業が
あったら、子どもたちはうれしいだろうなと思い、もっと詳しく知りたいと思う
ようになりました。

さらに、軽い気持ちで参加した、岩辺先生、笠井先生を招いてのアニマシオン
セミナーは、ただただ圧倒されるばかりでした。見に行っただけのはずが、いつ
しかど真ん中でハイテンション。グループ活動では、初対面の人たちのグループ
なのに真剣に話し合い、思い切り笑い、楽しむことができました。1冊の本でこん
なにもみんなが笑顔になれるなんて。素晴らしいと感じると同時に、こんな活動
を学校現場でやりたいと思いました。

司書になって3年。実際に現場に入ると、読書の時間を確保するのが難しいのか、
図書の時間はまず読書を！と要望される先生も多いです。それでも、児童にアニ
マシオンは大人気。「先生、今日は何するの？」という言葉が、何よりも私のやる
気をかき立ててくれます。

まだまだ先輩方の実例を利用してばかりで、オリジナルは少ないですが、実際
にアニマシオンを試した現場での出来事を紹介します。

「あなたは何太郎さん？」

これは、私が現場で初めて行ったアニマシオンです。3年と5年の2クラスで
同時に図書を行う機会があり、急きょ、担任教諭にお願いして実践しました。ア
ニマシオンをしたことがない子どもたちに楽しんでもらうこと、5年が3年をまと
めながら活動すること、この2つを一番に考え、グループ対抗で行いました。実
際に行うと、三年寝太郎や力太郎になじみがなかったのか、桃太郎・金太郎・浦
島太郎の3人を推理するための質問ばかりになってしまい、ほとんどのグループ
が三年寝太郎と力太郎を間違える、もしくは勘に頼って回答するという結果にな
りました。そこで、名作や昔話を読んでいる子どもと読んでいない子どもの差が
激しいことを知りました。

光村図書の1年生の国語の教科書には昔話の単元があります。そこでは、この
アニマシオンをやさしくアレンジしたものを必ず行います（教諭に昔話の登場人
物になってもらい、司書が質問を行う。児童には推理を楽しんでもらう）。子ども
たちには大好評で、授業の中で時間が余った時に行うゲームの1つになっている

ことを担任から聞き、とてもうれしく思います。

「取扱説明書、作ってみようよ！」

　このアニマシオンは、童心社の『かあちゃん取扱説明書』（いとう　みく）を利用して行いました。自分の母親の取扱説明書を作ってみよう！というもので、ほとんどの子どもが読んでいたことからできたアニマシオンです。国語が苦手な児童はあまり乗り気ではない様子でしたが、「似顔絵に引き出し線を入れて説明する」という図解のところで楽しんでいた様子でした。女子のグループが、「先生取扱説明書」を作ってきた時には苦笑しましたが、アニマシオンを自分たちで楽しんでくれて、とてもうれしかったです。

　まだまだ新米司書ではありますが、アニマシオンという楽しい活動を通して、一人でも多くの子どもが読書に親しんでくれたらと考えています。

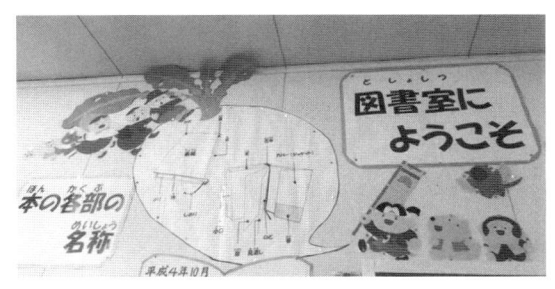

子どもたちと一緒に作った図書室の壁面。図書委員のアイデアで昔話がたくさん入っている。

世界が広がる感覚を味わうアニマシオン

宮崎県立高等学校司書　小原央子

　それは、衝撃的な出会いでした。2011年6月26日、「もっとイキイキ！　学校図書館かごしまフォーラム」での岩辺先生によるアニマシオン「あまんきみこさんの世界へ」に、宮崎から参加したときのことです。あまんさんといえば、小学生のころ国語の教科書で学習した「白いぼうし」、あの時、開いたページから夏みかんのさわやかな香りがした感覚を思い出し、どんなアニマシオンが体験できるんだろうととても楽しみでした。アニマシオンといえば、それまでは本を読んで自分で実際にやってみたり、いろいろな場で体験もしてきた私ですが、「魂が打ち震えるってこういうことなんだ！」と感じたのは、この時が生まれて初めてでした。「楽しさ～ワクワクドキドキ感」が込み上げ、「仲間と協同で物語世界を歩く喜び」に浸り、「推理し思い巡らし、自分たちなりの答えを導き出す達成感」が次から次へと押し寄せ、気がつくとまた一つ世界が広がる感覚を味わっていました。

　この感動を私だけのものにしておくのはもったいない！　こんな形で物語（本）と出会えたら、きっと誰もが物語を、本を好きになるはず……。それからです、私がアニマシオンの虜になったのは。そうして、かごしまアニマシオン倶楽部の会員になったことは言うまでもありません。毎回、たくさんの刺激をもらい、それを学校現場の子どもたちと楽しみ、学校司書仲間にも紹介しました。今ではアニマシオンにはまる司書続出です。

　今の私の“野望”は、宮崎の地にも岩辺先生をお呼びしてアニマシオンの輪を広げたいということです。3つのコンセプトでこの世界を眺めると、きっと人生は豊かになること間違いなしです。アニマシオン万歳！！

私とアニマシオン　―自立した市民を育てるために―

指宿市立山川図書館長　久川文乃

私とアニマシオンとの出会い

　私が最初に「アニマシオン」という言葉を知ったのは今から15年以上前、小学校で学校司書をしていたころのことです。なんだかおもしろそうと思い、アニマシオンに関する書籍も読んでみました。しかし、本だけではなかなかイメージがつかめませんでした。当時、そう感じている人は大勢いたと思います。

　そんな時、鹿児島で初めてアニマシオンセミナーが開催されることになりました。2005年のことです。講師として迎えたのが、岩辺泰史氏と笠井英彦氏でした。セミナーの中で、岩辺氏が「アニマシオンのアニマ（anima）とは、魂・生命という意味があり、その魂・生命に息を吹き込み躍動させることがアニマシオンである」「私たちの心をわくわくドキドキさせるものがアニマシオンだ」という話をしてくださいました。初めてのアニマシオンは、私の心と魂がわくわくドキドキするものでした。このセミナーをきっかけに、アニマシオンが私にとってとても身近なものになりました。

　そうして、勤務していた小学校でアニマシオンの実践をするようになりました。実際に、子どもたちと一緒にアニマシオンを体験することで、私自身もたくさんのことを学びました。私がアニマシオンをするうえで大切にしているのは、仲間とともに協力して行うということです。一人での活動も大切だと思いますが、やはり仲間と活動することで自分一人では気づけなかったことに気づくことができ、また、他者の意見をどのように受け入れるかということも考えます。子どもたちとの活動を通して、アニマシオンはただの読書ゲームではなく、自分自身をみつめ、自分自身をつくっていくことだと感じるようになりました。その思いは今でも変わっていません。

仲間とともにアニマシオンを育てる

　私も最初は一参加者としてアニマシオンセミナーに参加していたのですが、まもなく子どもの本かごしまの運営側としてアニマシオンに携わるようになりました。その中で感じるようになったのが、「年に１回、講師を迎えてセミナーをやるだけでよいのか」ということでした。それは子どもの本かごしまのメンバーも同じだったようで、2010 年の秋から鹿児島での自主学習会がスタートしました。

　当初は、有志の「アニマシオン勉強会」として開催していましたが、2014 年 2 月より「かごしまアニマシオン倶楽部」として年 3 回の学習会を行い、2017 年 2 月で第 10 回となりました。構成メンバーは、学校司書・公共図書館司書・読書ボランティア・教諭と幅広い分野から集まっています。定期的に学習会を開催することで横のつながりができ、いろんな発想を知ることができています。そして、学習会で共有したことをそれぞれの現場で実践しています。

私のアニマシオンの実践

　私は、2006 年から公共図書館の司書として働いています。現在は、学校からの依頼でアニマシオンを実践することも増えています。

　その一例として、私は毎年 10 月になると、「宮沢賢治の世界を探検！」というテーマで学校の子どもたちと活動をしています。6 年生 2 学期の国語の単元で、宮沢賢治の「やまなし」が取り上げられているからです。「やまなし」以外の作品にも触れてもらいたいと思い 12 作品ほど紹介し、賢治の作品中にでてくるオノマトペなどにも触れています。

　公共図書館の取り組みも紹介します。私が勤務している山川図書館では 2016 年度より、個人で自由に参加できるアニマシオンの会を定期的に開催しています。2016 年度は 3 回実践しました。

　また、以前フランスのツアーに参加した際、アニマシオンは図書館の持つ蔵書・資料の発見をしてもらうことが目的であると知りました。この観点からいくと、現在山川図書館で行っている図書館畑を活用しての事業や、哲学カフェなどもアニマシオンと呼ぶことができると思います。

おわりに

　これまでアニマシオンに取り組んできたことで、私の中に「どうやったら楽しくなるだろう？」「どうやったら、参加している人がわくわくするだろう？」という発想が強く染みついてきていると感じます。同じことをするのならば、より楽しくやりたい。そうすることが次のわくわくの種にもなると思います。

　2017年は、アニマシオンの本場フランスからドミニク・アラミシェルさんをお迎えして、学習会を行うことができました。ドミニクさんには、司書だからこそできるアニマシオンの形を見せてもらいました。私たちがやらなくてはならないことが、まだまだどっさりあるということも実感しました。

　あの日、岩辺先生、笠井先生が鹿児島に蒔いてくださったアニマシオンの種は、どんどん成長しています。これからも鹿児島らしい、そして司書だからこそできる、とっておきのアニマシオンを、仲間とともにつくりあげていきたいと思います。

子どもたちにわくわくドキドキのひとときを

指宿市立山川図書館司書　徳留絵里

　私が本格的にアニマシオンと出会ったのは約10年前、指宿図書館に勤務し始めたころでした。毎年、夏に行われている「読書のアニマシオン」セミナーに参加するようになったのです。

　そのきっかけをくれたのが、ある小学2年生の女の子です。社会科見学で図書館を訪れた数名の子どもたちに、どうして図書館を選んだのか尋ねると、他の子どもたちが「本が好きだから」とか、「図書館によく来るから」などの理由を挙げるなか、その女の子は「私は本が大好きなんだけど、毎日毎日塾と習い事に行っ

ているから、一度も図書館に来たことがなかったの。図書館ってどんなところなんだろう？と思ったから、図書館を選んだの」と話してくれました。

　セミナーに参加して、アニマシオンの仲間づくり、語らい、そして何よりもわくわくドキドキする時間（できれば本と一緒に）を、地域の子どもたちに届けたいと考えるようになり、自分でもアニメーターとしての活動を行うようになりました。

　指宿図書館にいたころは、学校に出向いてアニマシオンを行うことが多かったのですが、心に残っていることをいくつか紹介したいと思います。

谷川俊太郎になってみよう！

　このアニマシオンは、たんぽぽ出版からでている『子どもといっしょに楽しむことばあそびの詩100』（水内喜久雄）と『教室で詩を楽しむ30のアイデア104の詩』（高丸もと子・牧　恵子／著，水内喜久雄／編）という2冊の本に出会ったことで生まれました。"○○ない"の○○部分を埋めて、谷川俊太郎さんになった気分で詩を完成させよう！というアニマシオンです。

　初めて行ったのは小学校5年生のクラスでした。谷川さんと同じ言葉を書けばいいというのではありません。みんな、それぞれのグループでユニークな言葉を探して発表してくれ、どれ一つとして同じ詩はありませんでした。

　終了後、担任の先生から、「みんなで話し合って一つの答えを出すから一体感が生まれるし、自信にもつながります。きょう発表してくれた子たちはみんな堂々と前を向いて、大きなはっきりした声で発表してくれましたが、普段の授業中だとこうはいきません。この経験は、学校が学習のテーマの一つにしている、"発表"につながっていきます」と言っていただきました。また、見学にきていた他の先生からも、「今度、授業参観の時間にやってみます。保護者にも、子どもたちのこういった活動を見てもらいたい」との言葉をいただきました。

新美南吉でアニマシオン

　このアニマシオンは、小学校の4年生の担任の先生から「新美南吉でなにかやってもらえませんか」という依頼で行いました。教科書にも出てくる「ごんぎつね」の絵本を他の図書館も含めて、できるだけたくさん集めて、「前かな？後ろかな？」

のアニマシオンを行いました。

　じつはこのクラスには、ある図書館の常連さんの女の子がいました。アニマシオンが終わって数日後、その子のおばあちゃんが来館され、深々と頭をさげながら「孫のクラスで何やら、新美南吉の楽しいことをしてくれてありがとう」とお礼を言われました。よくよく話を聞くと、その女の子は最近不登校気味になっていたけれど、自分のクラスに図書館の人が来てくれるからと言って、その日はがんばって通学し、楽しい時間を過ごすことができたということでした。おばあちゃんからは、「孫にとって、学校で、あのクラスで心華やぐ時間があってよかったです」とさらにお礼を言われました。アニマシオン＝何やら楽しいこと、心華やぐ時間。この言葉は私にとって忘れられない一言です。

図書館 de アニマシオン

　山川図書館に移ってからも、学校に出向いて子どもたちや職員研修のアニマシオンを行っていますが、新たな取り組みも始まりました。それは、山川図書館で毎月行っている「ふれあい映画会」の終了後に行う、「図書館 de アニマシオン」という取り組みです。山川図書館には職員が３人しかいませんが、そのうち私も含めて２人がアニメーターの経験があること、また、残る１人にも、アニメーターが務められるようになってほしいとの思いで始めた活動です。

　そうは言っても少ない人数の図書館なので、毎月アニマシオンを行う余裕はありません。年間行事に少し余裕がありそうな５月と、夏休みに入る直前の７月の２回ぐらいなら何とかなるのではないか…と、2016年度にスタートしました。

　学校で行うアニマシオンの場合はクラス単位や学年単位が多く、あらかじめ年齢層や人数を把握することができますが、公共図書館で行う場合、そうはいきません。何歳ぐらいの子が来るんだろう？　何人くらいの子どもたちが来てくれるのだろう？　毎回、まさに手さぐり状態で行っています。くじ引きでチーム分けを行うと、特定の年齢の男子だけが集まったチームが出来てみたり、文字を書くことも読むこともできない３歳児が参加していたり、毎回いろいろなハプニング

が起きますが、ある意味、これが公共図書館で行うアニマシオンの醍醐味なのか
もしれないと思いながら活動を続けています。

　　　　　　　　　　また、図書館 de アニマシオンを行う際に
は、かごしまアニマシオン倶楽部の仲間た
ちに声をかけて、手伝いをもらっています。
参加する子どもたちだけでなく、私たちア
ニメーターもつながりを大切にしながら、
アニマシオンを行っています。

一人からでもできることをできるところから

　　　　　　　　　　　　　　　　徳島市立図書館司書　廣澤貴理子

出会いは鹿児島から

　私がアニマシオンと出会ったのは今から 15 年前。鹿児島県沖永良部島にある小
さな小学校の図書館に勤務していた時です。

　その前から私は、寝る前に毎晩、わが子に絵本の読み聞かせをしていました。末っ
子がまだお腹の中にいた時期のことです。お兄ちゃん 2 人に読み聞かせを始める
と、決まってお腹の中にいる末っ子がぐにゅぐにゅと動き始めるのでした。この
体験から絵本の持つ力、子どもたちと絵本を通して触れ合う時間の大切さを実感
し、ますます絵本の魅力にどっぷりと浸かりました。

　学校図書館での勤務が始まると、図書の時間や校内読書活動の時間を活用して、
子どもたちへの読み聞かせを積極的に行いました。目を輝かせて食い入るように
絵本を見つめる子どもたちの姿。わが子と同じ目の輝きで絵本を楽しんでいる光
景を見ながら、子どもたちは、心の中ではどのように感じているのだろうと思う
ようになりました。

　その後、読み聞かせについて学びを深めていくなか、図書館で 1 冊の本と出会

いました。『はじめてのアニマシオン―1冊の本が宝島』（岩辺泰吏＋まなび探偵団アニマシオンクラブ．柏書房）です。その本には「アニマシオン」についての解説が丁寧に書かれており、アニマシオンのレシピも掲載されていました。私もやってみたいと思いましたが、実際にどのように進めていいのか分からず、時間だけが過ぎていきました。すると 2004 年 12 月、鹿児島市で、種村先生が岩辺先生を招いてアニマシオンセミナーを開催するというお知らせを目にしました。ぜひとも岩辺先生にお会いしてアニマシオンを体験したいという思いで参加したことが、私とアニマシオンの出会いです。

「絵本の世界がこんなに楽しいとは」と目からウロコでした。参加者同士が和気あいあいと絵本の世界を散歩するように楽しさを共有し、まさに会場全体が活性化している様子を実感しました。セミナー受講後は、思いつく限りのアニマシオンをあらゆる場面で行いました。その都度、岩辺先生に連絡してアドバイスをいただき、実践を繰り返しました。最初はなかなかイメージ通りに進められず、時間がオーバーすることもありました。岩辺先生に報告すると「すべての経験はあなたの財産になりますよ」とおっしゃっていただき、すっと気持ちが楽になったことを鮮明に覚えています。どんなアニマシオンでも実際にチャレンジしてやってみることで、次へのアイデアや改善策が生まれていきました。

その後、異動により勤務した町立図書館を核に、アニマシオンを町内小中学校や地域の子ども会、PTA 活動など、あらゆる場面で展開していきました。わが子が通う小学校でも、5 年続けて日曜参観の親子活動で全児童を対象にアニマシオンを行いました。これは、いま思えば大切な宝です。どこに行っても「楽しい」「子どもたちとコミュニケーションを取りながら本の世界を味わえる」「またアニマシオンをしたい」と声をかけていただいたことは、私のアニマシオン活動の礎となっています。

リーディングバディ

もうひとつ、紹介したい学校図書館での活動があります。それは岩辺先生に教えていただいた「リーディングバディ」という、子ども同士による読み聞かせ活動のことです。子ども同士でペアを組んで毎月 1 回、勤務していた小学校では 3 年間、実施しました。ペアの組み方は、上学年と下学年の子どもがそれぞれ 1 対

1です。ペアは担任の先生にお願いして組んでいただき、活動場所は子どもたちが自由に選びます。リーディングバディは、ペアを組んだ上学年の子どもが下学年の子どもに絵本を読んであげるシンプルな活動です。しかし、朝の読書活動を利用して思い思いの場所で行うこの活動には、子ども同士で楽しむ豊かな時間が流れていました。

　休み時間になると、次のリーディングバディの時間に読む絵本を図書館に探しにくる上学年の子どもたち。「あの子はどんな絵本が好きかな」「この本、喜んでくれるかな」口ぐちにこんな言葉が子どもたちから出るのです。自分のために選ぶのではなく、バディである友だちが喜んでくれる絵本は何だろうと探している姿に感動しました。相手を思いやる気持ちが、この活動を通して芽生えていたのです。今でもアニマシオン研修会に招かれた際には、このリーディングバディのこともお話ししています。

　子ども同士のリーディングバディ活動は絵本を通して、異学年交流の意義を深め、さらに豊かな心も育まれる素晴らしい活動です。

鹿児島から徳島へ

　私はその後、2011 年に沖永良部島を離れ、徳島へ移転しました。同時にアニマシオン活動はゼロからの再スタートとなりました。しばらくの間はアニマシオンには携われないと諦めていましたが、救いの声をかけてくださった方がいました。それは、鹿児島時代に私が行ったアニマシオン研修会に参加された宮崎木城えほんの郷の宮田香子さんです。宮田さんが、宮崎県で子どもの読書活動を推進されている方々につないでくださって、2012 年 2 月、宮崎県立図書館で開催したアニマシオン講座へ招いてくださったのです。このとき、「諦めてはいけない。続けなさい」と言われたように感じたものです。

　そしてタイミングよく 2012 年 4 月より、徳島市立図書館への勤務が始まりました。徳島の地でもやはり「アニマシオン」の言葉すら浸透しておらず、館内外どこでも、私は機会あるごとに「アニマシオンは楽しいよ」と言い続けました。そうすると必ず応援してくださる方と巡り合えるのです。移転開館したばかりだった自館と、連携している地元サッカーチーム徳島ヴォルティスの 2 名の選手とのコラボで、アニマシオンを提案してみました。その提案が通り、9 月に開催、大盛

況でした。

　また、同年12月には徳島県読書振興大会があり、岩辺先生と笠井先生をお迎えして「読書のアニマシオン」を開催しました。そのおかげもあり、その後は子ども向けのお話し会で毎月2回、「読書のアニマシオン」を行うことになったのです。平日の午前10時30分から11時までの30分間ですので、就学前の子どもが参加してくれることが多いです。必然的にアニマシオンの内容も、乳幼児から就学前の小さな子ども向けに開発しなければなりませんでした。それまで小学生向けを中心に行ってきた私は、また試行錯誤の繰り返しです。しかし、せっかく与えられた機会ですから、大切に育てていこうと決心して、まずは小さなお子さんが声を出したり、体を動かしたりして参加できる絵本探しから始めました。一緒に来ている家族とスキンシップを取れるものや、家庭でもできるものをやることもあります。第2章のレシピでいくつか紹介しました。

地域の方とコラボ

　毎月2回の定期的な活動のほかにも「アニマシオンスペシャル」と銘打って、地域の方の協力をいただいて開発したアニマシオンもあります。

　中国語の講師とのコラボで、中国語や中国文化に触れるアニマシオン。化学が専門の大学教授に協力をいただき、簡単な実験を行って自然科学分野や伝記に広げる「かがくマジックでアニマシオン」。また、好評だった徳島ヴォルティスサッカー選手とコラボするアニマシオン。アロマ講師の方にご協力いただき、徳島の自然豊かな森林や木の香りにつなげる「とくしまの香りアニマシオン」など。

　このように多様なアニマシオンができたのは地域の方の理解と協力をいただける公共図書館だからこそと、感謝するばかりです。

徳島に広がるアニマシオン

　2016年と2017年の2年間、徳島市学校教育課主催による「徳島市読書活動推進研修会」で、アニマシオンについて話す機会をいただきました。特に2017年8月はアニマシオン研修会として2時間、市内小中学校の読書活動担当の教員が参加して、大変盛り上がりました。ぜひ、学校でも実践したいとの感想をいただきました。この研修会がきっかけとなり、市内外の小学校から児童の読書活動や校

内研修会へ招かれたり、担当の先生が率先してアニマシオンを実践したりと弾み
がついています。またリーディングバディの取り組みを紹介したところ、ある小
規模の小学校で早速、秋の読書活動から実践し、地元のニュース番組でも紹介さ
れました。

　2017年の1月2月と、県立高等学校の家庭科の授業で「アニマシオン」をして
ほしいと依頼があり実施しました。その縁で2017年8月には県高等学校家庭学部
会の研修会にも招かれ、今後、家庭科の単元の中でアニマシオン活動が計画され
る動きも見られるかもしれないと希望は膨らみます。

とくしまアニマシオンクラブ発足

　徳島に移住して6年目。コツコツとアニマシオンの種を蒔いてきました。

　2015年3月、私は経済的に苦しい最中でしたが、フランスの公共図書館を巡る
アニマシオン研修会に参加しました。そこで目にすること、感じることの全てが
刺激的でした。もっと自由に、もっと楽しく、もっと発想豊かにやっていいのだと、
アニマシオンの世界観が広がった貴重な体験でした。

　既成概念を壊されたことで、私のアニマシオン活動も住居がある市の中から市
外へと広がっています。6年前からつながっている上板町「キラキラひろば」で
のアニマシオンは年に1回、定期的に開催。フランスで学んできたアニマシオン
「きみもアーティスト」シリーズをいち早く実践できる場になっています。1回目
は「日本昔話の表紙をデザインしよう」、2回目は「好きな色は何色？　オリジナ
ルカラーカタログを作ろう」と題して、広告紙や廃棄雑誌を活用したコラージュで、
アートな本や作品を作っています。自由にいろいろなデザインをすることが楽し
く、最後のお披露目タイムではうれし恥ずかしの表情で発表してくれる子どもた
ち。どの作品も発想豊かで素晴らしいものばかりで、子どもたちの輝く感性に拍
手喝さいです。

　さらに、神山町での活動も少しずつ定着してきました。神山町では、2017年3
月に初めてアニマシオン講座を開催しました。地方創生、地域づくりで全国的に
注目されている神山町ですが、公共図書館が設置されていません。この実情を踏
まえて、NPO神山グリーンバレーと教育委員会の方々が、農村改善センターの一
角に「ほんのひろば」という図書スペースをつくりました。その「ほんのひろば」

開設のPRも兼ねて企画したアニマシオン講座でした。これを皮切りに町内保育所、小学校学童クラブへと広がり、2018年1月には、保育所の参観日にもアニマシオンの依頼がきています。

　この「ほんのひろば」の中心メンバーを、2017年9月に東京で開催されるドミニクさんの講座にお誘いしたところ、一緒に参加することができました。ドミニクさんのアニマシオンを実際に受けて、感激ひとしお。全国のアニマシオン仲間の皆さんにもお会いして、ぜひ徳島にももっともっと広めようと思い、「とくしまアニマシオンクラブ」を発足しました。生まれたばかりのクラブですので、経験を積みながら大切に育てていきたいと思います。

　そのとくしまアニマシオンクラブ発足の第一弾として、11月3日文化の日にアニマシオンを企画、開催しました。神山町が毎年行っている神山アーティスト・イン・レジデンス（KAIR）の一環で、アート作品でもある「隠された図書館」がオープンデーとなることを契機に企画したのです。「隠された図書館」は、森の中にひっそりと佇んでいます。この図書館は普段は鍵を持っている人しか入れません。鍵を持てるのは神山町在住の人に限り、人生の節目には、この図書館に自分の本を置けるというシステムになっています。

　「普段は一般の人は入れない」「森の中にひっそりと佇んでいる」「図書館自体がアート作品」。これだけでわくわくしてきます。ならば、「隠された図書館」を見つけることからスタートしようと、

神山町でのアニマシオン

森の中でアニマシオン

アニマシオンのレシピをクラブのメンバーと考えました。山道を登って図書館にたどり着くまで、3箇所にクイズを隠し、ウオーキングラリーをしました。参加者はあれこれと考えたり話し合ったりしながら、楽しく山道を登っていきます。「隠された図書館」に到着したら、クイズの答え合わせ。全員に「よくがんばったで賞」の手作りメダルをプレゼントすると、子どもたちの笑顔が弾けました。

そして、絵本がずらりと並べられた「隠された図書館」の空間でアニマシオンをスタート。森の中には「隠された図書館」とお隣の歯科医院があるだけ。この森に夢の商店街をつくろうというコンセプトです。五味太郎さんの『もりにいちばができる』を読み聞かせして、登場する動物が作ったお店を紹介。小道具を使って商店街をオープンさせます。

その後、しかけ絵本の『パノラマせかいのおしごと』を読んで、かわいいお店の様子を見てもらいます。そして、いよいよ自分たちがつくりたいお店を用紙に描いてもらうという展開にしました。どこでも好きな場所で絵が描けるように机を設置。子どもたちは待ってましたと言わんばかりに、白紙に思い思いの絵を描きました。最後にオープン記念として、一人ひとり、お店の絵をお披露目してもらいました。「ペットショップ」「パン屋さん」「ケーキ屋さん」「綿菓子屋さん」「思い出を写せる写真館」など、とても素敵なお店が図書館のまわりにできました。

とくしまアニマシオンクラブ発足の、記念すべき第一弾のアニマシオンのレシピ（使った絵本）は以下の通りです。
① 「隠された図書館はどれかな？」ウオーキングクイズラリー
② 『パンダなりきりたいそう』（いりやま さとし／作．講談社）
③ 『もりのおふろ』（西村敏雄／作．福音館書店）
④ 『もりにいちばができる』（五味太郎／作．玉川大学出版部）
⑤ 『パノラマせかいのおしごと』（てづか あけみ／作．コクヨ S&T）
⑥ 『木がずらり』（ツペラ ツペラ／作．ブロンズ新社）

アニマシオンは人生を楽しむこと

2017 年 9 月に開催された、読書のアニマシオン研究会 20 周年企画でのドミニクさんのことばに感銘を受けました。まさに私の人生もアニマシオンです。楽しいことばかりではありませんでした。むしろ、不本意にも苦しいことや困難なこ

とを多く経験してきたように思います。しかし、逆境の中にいても「人生を楽しもうとする気持ち、姿勢」を持ち続けることこそが、人としての真価を深めるのではとも思います。

　場を与えられなくても思いは消さない。機会あるごとに言い続ける。チャンスが巡ってくれば、躊躇せずチャレンジする。いつか必ず広がるタイミングがくるだろう。「諦めない。言い続けること。チャンスが巡ってきたら動くこと」。岩辺先生からいただいた言葉、「一人で考えているうちは、夢。二人で話せば、希望。三人で集まれば力」。

　このことを信じて、ただただ愚直に続けてきました。沖永良部島でも徳島でも、アニマシオンを知っている人、やっている人は誰一人いませんでした。しかし、一人からでもできることをできるところから続けていくことで、応援者、仲間とつながってきました。大きなことを目指すのでなく、小さなことからスタートする。そして目の前にいる子どもたちの目の輝きをもっと力にあるものへ、笑顔あふれる表情を一人でも多く、1回でも機会を多くつくっていくことが私に与えられた使命なのかもしれないと感じます。

　神山町にある保育所でアニマシオンをした時のことです。一通りのアニマシオンを終えて、所長さんが子どもたちに感想を聞いてくださいました。最後に3歳のお子さんがすっくと立ち上がって、でも、もじもじと恥ずかしそうにしながら「また来てね」と言ってくれました。屈託のない笑顔は私の心に刻まれています。

　「アニマシオンは人生を楽しむこと」。一人でも多く、この楽しさ、喜びを共有できる場面をこれからも公共図書館で、地域で創造していきたいと思います。鹿児島でスタートした私とアニマシオン。よきご縁が結ばれて広がっていることに感謝します。

—— 教師こそアニマシオン

先生たちこそアニマシオン

鹿児島市立小学校教諭　田島裕三

　「種村先生からのお誘い、断る理由がないでしょ」と妻から軽く言われ、うまく返す言葉も見つかるはずがなく、めでたく子どもの本かごしま実行委員となり、7年目となります。

　娘が小学生と中学生で、私自身も小学校の教員をしていることもあって、いろいろな本と触れる機会は多いのですが、アニマシオンと言われてもなかなか意味も分からず、ただ「アニマシオンとはなんぞや？」と考えながら活動に参加し始めたのを覚えています。これまで、いろいろな発表も経験させていただきましたが、種村先生をはじめ実行委員の方々の熱心さや研修会に参加される司書の方々、読書ボランティアの方々の取り組み、そして岩辺、笠井両師匠の「う〜ん、なるほど、そうきたか」という実践を目の当たりにして、同じ教員を仕事としている者として「読書」に対しての考え方が大きく変化してきたことを感じています。

　現在、私は娘の通う小学校に、年に数回「読み聞かせ」に行っています。すると先日、サッカーをがんばっている男の子の保護者から「田島さんが紹介してくれた本を子どもが一生懸命読んでいる。本の中の言葉を自分の部屋に張り出して、少年団のサッカーに対しても真剣さが増した」という連絡をいただきました。そのような話を聞くとうれしいことはもちろんなのですが、それ以上に「子どもたちを本の世界の入り口に誘うことの大切さ」を感じます。勤務している小学校でも読書指導の係をいただき、アニマシオンの実践等に取り組んでいるものの、なかなか子どもたちを読書の世界に誘うことのできない自分にイライラしながら試行錯誤しています。

　私がこれまでに実践したアニマシオンは、ほとんどが学習につながるレシピで、単元の最初の部分で子どもたちの興味喚起を促す役割を担ったと感じます。おそらく教員という仕事は、「学習」という側面で日常的に子どもたちを「本の世界に誘う」チャンスを持っていると思います。例えば、5年生の国語で学習する「大造

じいさんとガン」では椋鳩十作品の自然や動物に対する思いを、6年生で学習する「やまなし」では宮沢賢治の世界観を、理科の「星の世界」では星についてのブックトークなど、実際の授業で扱える内容は無限です。

　現代社会において子どもたちの学力向上が叫ばれる中、アニマシオンの手法は子どもたちの興味関心をかき立て、また、本と向き合うことで子どもたちの想像力や情操を養い、豊かな学びへとつなげていくものと思われます。つまり「先生たちこそアニマシオンの手法を学び、日々の教育活動に取り入れていくことが大切なんだ」と考えます。まだまだアニマシオンと言われてピンとくる教員は少ないのかもしれませんが、現在の置かれた環境を考えると、「先生こそ」これからの学校教育の中で、アニマシオンが普通に授業に取り入れられるよう仲間を増やし、活動の幅を広げなくては思います。アニマシオンを通して多くの子どもたちを「読書の世界に誘う」ことができれば……、と微力ながら考えているところです。

私とアニマシオン

指宿市立小学校教諭　椿 美佐子

　私とアニマシオンの出会いは、10年ぐらい前だったと記憶しています。印象に残っているのは、絵本『すてきなあまやどり』（バレリー・ゴルバチョフ／作，なかがわ ちひろ／訳．徳間書店）を使ったアニマシオンです。岩辺先生の読み聞かせに合わせて、会場にいた一人一人が登場人物になってお話の中に参加していく……。こんな本との出会い方もあるのだと感動したことを覚えています。その頃、1年生を担任していたので、学級のPTAレクリエーションの時間を使って、自分なりにアレンジしてやってみました。参加していたお父さんが大きな傘を持って、「みんなが雨やどりをする木」に扮してくれました。お話が進むにつれ、登場人物になった参加者が、顔を見合わせながらうれしそうに大きな木の下に集まっていきます。保護者と子どもたち約50人が一つのお話の中に入り、その世界を楽しめたという実感が持てました。子どもたちはもちろんのこと、保護者の方からも、「と

ても楽しい時間だった。本を使ってこんなこともできるのですね」と、笑顔で感想をいただきました。『すてきなあまやどり』は、子どもたちのお気入りの 1 冊となりました。

　アニマシオンのすばらしさを感じながらも、その後はなかなか実践に結びつかなかったのですが、かごしまアニマシオン倶楽部で発表の機会をいただけたことで、少しずつ自分なりに実践の場をつくっていくようになりました。また、同じ職場に「いっしょにやりましょう」と言ってくれる仲間ができたことも、実践につながっていると思います。どんなアニマシオンにしようかと考えるときも、アニマシオンをしているときも、子どもたちの笑顔が自分を動かす活力になっています。子どもたちが本の世界を楽しみながら、「世界」「仲間」「わたし」を発見できるようにと考えてアニマシオンを行うことは、自分自身の人生も豊かにしてくれています。アニマシオンとの出会いで心を動かされたことを忘れず、これからもアニマシオンについて学び、少しでも実践していきたいと思っています。

おしゃれに、地道に本を届けたい

指宿市立小学校教諭　楠 広江

　ある日の出来事です。私が学校図書館でせっせと本を並べていると、サッカーの得意な A 君がやってきて、「先生、本が好きなんですか？」と聞いてきました。A 君は去年、「民話のアニマシオン」「ことわざのアニマシオン」「斉藤隆介の世界へ（影絵）」の 3 つの授業をさせてもらったクラスの子でした。授業に行くたびに「○○読んだよ～」と、一生懸命教えてくれる子です。たぶん私のことを、本のゲームをして、本を紹介して、本をいっぱい貸してくれる先生だから、きっと読むのも好きな先生なのだろうと思っての質問だったのでしょう。私は、「本を読むより、きれいに並べる方が好きなのよね～」と答えました。A 君はちょっと意外という表情を見せつつも、「ぼくも並べる方が好き」と言って、本棚の本を一緒に並べてくれました。

読書のアニマシオンに出会って 15 年になりました。学級担任のときは、単元に合わせたり、季節に合わせたりして、ちょっとしたアニマシオンをしています。司書教諭として読書指導をするときは、「毎日図書室に行くこと」「年に 1 回は全校の子どもたちとアニマシオンをすること」を目標に取り組むことにしています。仕事をするうえで、読書のアニマシオンは私にとって大切な位置にあります。

　アニマシオンを実践するために、夏のアニマシオンセミナーと、かごしまアニマシオン倶楽部での学びがとても役立っています。おもしろい本との出会い、新しい物の見方や考え方、個性豊かな素敵な仲間、どれも刺激的です。いつも「このアニマシオンをやってみよう」「このネタ・技をやってみよう！」とやる気が出てきます。

　学校では、教育課程に沿っているか、授業時数が確保されているか、などクリアしなければならないことがありますが、教科書に載っている本をできるだけ楽しく、遊び心を持って子どもたちに出会わせたいと思います。そして、本を並べる方が好き、図書館で本を借りたことないなんていう子にこそ、本を読む楽しさを広げていきたいのです。

　今年（2017 年）の秋、フランスのアニマシオンに出会い、新たな刺激を受けました。これからは、「おしゃれに」という視点もプラスして、地道にやっていきたいと思います。

第2章

やってみましょう! アニマシオン

乳幼児向け

『もりのおふろ』に入ろうね

目的

・絵本に登場する動物と同じ動作を
　して楽しむ。

・動作に合わせて、リズムある言葉
　遊びを楽しむ。

対象・時間

・乳幼児～就学前（親子で参加）／
　10 ～ 15 分

準備するもの

①絵本『もりのおふろ』（西村敏雄．福音館書店）

②登場する動物の絵を描いたカード（人数に合わせて準備する）

進め方

①動物の絵を描いたカードを配る。

②絵本を見せながら、遊び方を説明する。

　「持っているカードと同じ動物が出てきたら、一緒に声を出して、から
　だを洗ってね」

③絵本の読み聞かせを始める。

④動物が出てくるたびに、同じ動物のカードを持っている子どもに声をか
　けて、動きを真似してもらう。

　「ごしごし　しゅっしゅ　ごしごし　しゅっしゅ」

⑤次々と動物が出てくるので、その都度、「ごしごし　しゅっしゅ」と言

いながら、せなかを洗う動作をくりかえす。

⑥最後はみんなで一緒に、おふろに「どぼーん」と入る真似をして、「あー
　ごくらく　ごくらく　いいきもち!」と言って、おしまい。

アドバイス

・カードの絵は大きく、分かり
　やすく描きます。
・「おふろ」がテーマの絵本なの
　で、からだを動かすアニマシ
　オンとセットにしたり、冬の
　季節に行うとよいでしょう。

ブックリスト（同じようなアニマシオンができる本）

春:『ひつじのむくむく』（村山桂子／文，太田大八／絵．福音館書店）
　　『ガンピーさんのふなあそび』（ジョン・バーニンガム／作，みつよし
　　　なつや／訳．ほるぷ出版）
　　『とりかえっこ』（さとう わきこ／文，二俣英五郎／絵．ポプラ社）
秋:『つなひきライオン』（まど・みちお／文，北田卓史／絵．ひさか
　　　たチャイルド）
冬:『てぶくろ』（ウクライナ民話，エウゲーニー・M・ラチョフ／絵，
　　　うちだ りさこ／訳．福音館書店）

ひとこと

　親子で一緒に声を出したり、動作を真似したりすることでスキンシップ
が図れます。知っている動物が出てくると、小さな子どもはとても喜びま
す。見ていて、ほのぼのとします。

（廣澤）

パンダになって体操しよう

目的

・絵本に登場するパンダと同じ動作をして楽しむ。

・動作に合わせて、リズムある言葉遊びを楽しむ。

対象・時間

・乳幼児〜小学校低学年（親子で参加）／ 10 〜 15 分

準備するもの

①絵本『パンダなりきりたいそう』（いりやま さとし．講談社）

＊からだを動かすので、障害物がない場所が望ましい。

進め方

①絵本を読む前に、「パンダと同じ動作をしてね」と声をかける。

②絵本の読み聞かせを始める。

③次々と動作が大きくなるので、まわりの子どもたちとの距離や、障害物に気を配りながら進める。

④最後はお母さんに「ぎゅっ」と抱っこしてもらって、おしまい。

アドバイス

・苦手な子どもに動くことを強要せず、子どもの気持ちを尊重、最優先しましょう。あくまでも自然に、からだが動く範囲で楽しみましょう。

・からだを動かしてエネルギーを発散するので、このアニマシオンが終わったら、少し落ち着いた内容の絵本を読み聞かせます。すると、お母さんの膝に抱かれて、じっと聞き入ることが多いです。

ブックリスト

『パンダおやこたいそう』（いりやま　さとし．講談社）

『こねてのばして』（ヨシタケ　シンスケ．ブロンズ新社）

『くっついた』（三浦太郎．こぐま社）

『こちょこちょ』（福知伸夫．福音館書店）

『だるまさんシリーズ　が・と・の』（かがくい　ひろし．ブロンズ新社)

＊「だるまさんシリーズ」は毎回、どの年齢でも大人気です。

（廣澤）

『とんとんとん』ってたたいてね

目的

・絵本のお話に合わせて、同じ動作をして楽しむ。

・動作に合わせて、リズムのある言葉遊びを楽しむ。

対象・時間

・乳幼児〜就学前／ 10 〜 15 分

準備するもの

①絵本『とんとんとん』

　（あきやま ただし．金の星社）

②（余裕があれば）変身グッズ

進め方

①絵本のストーリーを簡単に話してきかせる。

②「一緒にかずきくんのお家を探しに行って、ドアを'とんとんとん'ってたたいてね」と伝えたあと、みんなでドアのかわりに床をたたく練習をする。

③読み聞かせを始める。ドアをたたく場面では、一緒に床をたたいてもらう。

④最後まで読んで、「出てこなかったドアの色は何色かな？」と問いかける。

アドバイス

協力者がいれば、その季節に合った人物になって登場してもらうとおもしろいです。例えば、10月ならハロウィンの魔女、12月ならサンタクロース、春には「花咲かじいさん」など。

子ども会でする場合は、これらの登場者からプレゼントを渡すなどのお楽しみを加えると、子どもたちは大喜びするでしょう。

ひとこと

保育園でおこなった時は、最後に先生が怪獣に変身して登場しました。子どもたちは大騒ぎでしたが、とても楽しんでいました。10月はお話の最後にアニメーターが、「かずきくんのお家で待っててね」と言い、魔女に変身。子どもたちにお菓子をプレゼントしました。

たくさんのカラフルなドアを、「とんとんとん」とたたく真似をするだけですが、本当にお友だちの家を訪ねるような、うれしい気持ちを味わえるようです。

（廣澤）

どんな色？ 'WHAT COLOR?'

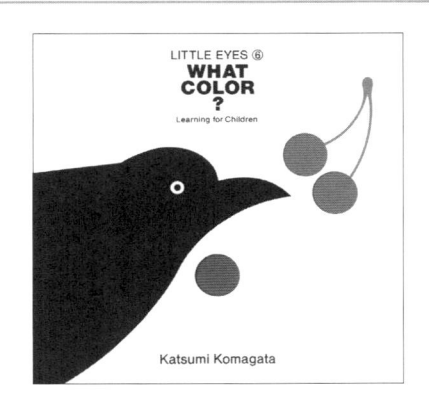

目的

・12 枚のカードで構成された絵本の、色や形を楽しむ。

・美しい色彩とシンプルな形で広がる "デザイン" を楽しむ。

・言葉がないので、色や形を見て、子どもたちが自然に声を発するおもし
　ろさを味わう。

対象・時間

・乳幼児～小学生／10 ～ 20 分

準備するもの

①絵本『WHAT COLOR ？』（駒形克己．偕成社）

②この絵本から連想される、色に関連する絵本

③ BGM として静かな音楽、オルゴールなど

進め方

①作者の駒形克己さんについて、簡単に紹介する。

②絵本のスタイルにはいろいろあることを話す。

③色や形の話を簡単に（子どもにもわかる範囲で）する。

④静かな音楽をかける。

⑤ゆっくりと1枚目のカードから広げていく。一枚一枚、全体が見えるようにゆっくりと見せる。この時、アニメーターはなるべく声を発しないで、子どもたちの想像に寄りそう。

⑥子どもたちが発した言葉をひろう。

⑦最後までカードを広げて見せたら、「どんな色がすき？」「形や色って変わっていくね」などと、心の動きをはかりながら語りかける。

⑧その後、好きな色や虹の話をして、次の読み聞かせへとつなげる。

アドバイス

・カードの絵はゆっくりと、全体が見えるように配慮します。

・子どもたちが声を発しやすい雰囲気づくりを心がけましょう。

・このあと、色や虹に関連した絵本を読むと、夢や想像がより広がります。

・BGMも、静かでイマジネーションが広がるものを選曲しましょう。

ブックリスト

『ごぶごぶごほごほ』（駒形克己. 福音館書店）

『にじをみつけた「あひるのダック」』（フランセス・バリー／作，おびか ゆうこ／訳. 主婦の友社）

『にじいろのしまうま』（こやま峰子／文，やなせ たかし／絵. 金の星社）

『あめのひのえんそく』（間瀬なおたか. ひさかたチャイルド）

『あかいふうせん』（イエラ・マリ／作. ほるぷ出版）、などなど。

ひとこと

　デザインの美しさを味わうアニマシオン。色と形だけでみせるデザインが、子どもたちの感性を豊かに柔軟に育ててくれるように思います。

（廣澤）

『もりのなか』を散歩しよう

目的

・物語の世界を実際に体験する。

対象・時間

・未就学児〜／読み聞かせ＋本番
　15分

準備するもの

①絵本『もりのなか』（マリー・ホール・エッツ／作，まさき るりこ／訳．
　福音館書店）

②動物の名前が書かれたカードを人数分

③紙の帽子 ・・・ 主人公の男の子のカードを引いた子どもがかぶる

進め方

①『もりのなか』の読み聞かせを行う。（時間がない場合は②から始めても
　もよいが、お話の世界を味わってからのほうがイメージしやすい）

②動物のカードを配りながら、以下のことを説明する。

　「自分が何の動物かを確認してください。ただし、ほかの人には秘密に
　しておいてね」

　「主人公の男の子のカードを引いた人は、紙の帽子をかぶってください」

　「自分のカードが呼ばれたら前に出て、一緒に歩いてね」

③絵本を読みながら、物語を進めていく。

④しばらくの間、もりのなかを散歩するみたいに、みんなで歩く。

⑤「ろんどんばし　おちた」のところでは、実際に「ろんどんばし　おち

た」の遊びをやると、より楽しくなる。

⑥かくれんぼの場面では、一カ所に集まって体を小さくして隠れてもらう。

⑦最後に、アニメーターがお父さんになって、男の子を迎えにくる。

⑧時間があれば、エッツの他の作品や、物語に登場する動物の図鑑などを紹介する。

アドバイス

・大人数の場合は、体育館など広い場所で行います。

・お話を読み進めるときには、歩くのをいったん止めて、アニメーターの声に耳をすますよう伝えます。

ブックリスト

『またもりへ』（マリー・ホール・エッツ／作，まさき るりこ／訳．福音館書店）

（久川）

COLUMN
コラム

　鹿児島県立指宿（いぶすき）高校では、進路が決まった3年生が小学校や幼稚園に出向いておはなし会をするプログラムがあり、指宿市立図書館は、この「向上の道」プランのサポートをしています。

　ある時、小学校で『もりのなか』のアニマシオンを行ったことがありました。生徒たちは、おはなし会を盛り上げようと一生懸命。自分たちで小学生役もして、イメージがつかめるまで何度も何度も練習をしていました。

　当日は自分たちも手作りのお面をかぶり、小学生と一緒に大いに楽しんでいました。中でも印象的だったのが、かくれんぼの場面。高校生と小学生が体を寄せ合ってくっついている様子は、今でも私の脳裏に焼き付いています。異年齢でも、このようにお話の世界を共有することで一緒に楽しむことができるということを実感した、貴重な体験でした。

お話の世界へようこそ！
『すてきなあまやどり』

目的

・お話の世界に入って楽しむ。

対象・時間

・未就学児〜大人／人数により
　調整

準備するもの

①絵本『すてきなあまやどり』

　（バレリー・ゴルバチョフ／作，なかがわ ちひろ／訳．徳間書店）

②物語に登場する動物の名前が書かれたカード。小さな子どもの場合には
　イラストのほうがよい。

③かさ。大きな木の役割をするので、大きめのかさがよい。

＊大人が入るときは、大人に木の役を演じてもらうとよい。

④ヤギくんが座るいす

進め方

①参加者に動物のカードを配布し、自分だけで確認してもらう。「カード
　に書いてある動物が出てきたら、前にでてきてください」と伝える。

②読み聞かせを始める。動物が出てくるたびに、そのカードを持った子ど
　もは前に出て、かさの下に座る。

③最後まで読み聞かせをしながら、お話を一緒に楽しむ。

（久川）

鳴き声で応援しよう！
『コッケモーモー！』

目的

・物語の世界を楽しむ。

対象・時間

・未就学児〜大人／10分

準備するもの

①絵本『コッケモーモー！』

（ジュリエット・ダラス＝コンテ／文，

アリソン・バートレット／絵，たなか

あきこ／訳．徳間書店）

進め方

①参加者を、「うし」「あひる」「ぶた」「ひつじ」のグループに分ける。

②「自分たちのグループの動物が登場したら、鳴き声を真似してね」とお
願いしておく。

③読み聞かせを始める。それぞれの動物の鳴き声の場面になったら、グルー
プみんなで声を出し、応援してもらう。

ひとこと

簡単な参加型なので、みんなでお話の世界を楽しむことができます。

（久川）

目的

・わらべうたで、言葉のリズムを楽しむ。

・1 から 10 まで数字の入った数え歌で遊ぶ。

・わらべうたを伝承する。

対象・時間

・幼児（5 歳）～（3～5 人のグループをつくる）／ 20～30 分

準備するもの

①絵本『いちじくにんじん』（大阪 YWCA 千里子ども図書室／案，ごんもり なつこ／絵．福音館書店）

②画用紙とクレヨン

進め方

①「いちじくにんじん」の歌をゆっくりと歌いながら、絵本を見せていく。

②子どもたちと一緒に歌う。

③指を折りながら、もう一度、一緒に歌う。

④「いちじくは1だよね」「にんじんは2だよね」と数を確認する。

⑤「好きな数字の入っているものを、絵に描いてみようね」と画用紙に描いてもらい、出来上がったものを見せ合う。

　3人なら3まで、5人なら5までの言葉を探してもらう。

⑥他のわらべうた「いもの　にたの」「いもいもいも」（鹿児島のわらべうた）などを紹介する。

⑦いろいろな「わらべうたの絵本」を紹介する。

アドバイス

　幼児は言葉を楽しむことで語彙が増えていくので、遊びながら言葉を引き出すことを心がけましょう。

ブックリスト

『あがりめさがりめ　おかあさんと子どものあそびうた』（ましま せつこ．こぐま社）

『せんべせんべやけた』（こばやし えみこ／案，ましま せつこ／絵．こぐま社）

『あーそーぼ』（やぎゅう まちこ．福音館書店）

『いろいろ おせわに なりました』（やぎゅう げんいちろう．福音館書店）

ひとこと

　「わらべうた」には、いろいろな遊びがついています。日々の生活の中で時間を見つけて、子どもと一緒に遊ぶことで、わらべうたが伝承していくと思います。

（鳥羽）

だれの持ち物かな？
『しろくまのパンツ』

目的

- 図鑑や本で調べる楽しさを体験する。
- 絵で表現する楽しさを感じる。
- 相手の話をきいて、推理する楽しさを味わう。

対象（人数）・時間

- 未就学児〜大人（5人〜）／ 30 〜 60分
- ＊小さな子は大人と一緒に、もしくはグループでやる。グループは 3 〜 5 人程度。

準備するもの

① 絵本『しろくまのパンツ』（ツペラ ツペラ／作．ブロンズ新社）

② お話に登場しない動物や生き物のイラスト ・・・ いぬ、きりん、うし、かぶとむし、など。

③ ②の生き物に合わせたパンツ ・・・ 白い画用紙で作る。

④ ②の名前が書かれたくじ ・・・ 好きなものを選ばせると偏るため。

＊②③④は、参加人数に合わせて準備する。

⑤ 動物図鑑や、動物が好きなものが紹介されている本など

⑥ 色鉛筆やクレヨン

進め方

① 『しろくまのパンツ』の読み聞かせをする。

② お話を振り返り、パンツにはそれぞれの動物の好きなものが描かれてい

ることを確認する。

③くじを引いて、どの生き物のパンツを描くのかを決める。この時、自分が何を描くか、他の人には秘密にしておく。

④パンツに絵を描く作業に入る。自分が引いた生き物が、何が好きか分からない場合には、図鑑などを使って調べ、絵を描く参考にする。

⑤絵が出来上がったら、一人ずつ発表してもらい、みんなでどの生き物のパンツか推理する。答えがなかなか出ない場合には、描いた本人からヒントを出してもらい、推理を進めていく。

アドバイス

・パンツだけでなく、バッグや帽子などで展開させてもおもしろいです。

・このレシピのように動物を指定する方法もありますが、子どもたちに自由に描いてもらってもいいでしょう。

・すべてのパンツを並べて、「グッドデザイン賞」などを決めると、さらに盛り上がります。

ひとこと

『しろくまのパンツ』が出版された時、すぐに「この本おもしろい！！」「何かできないか？」と思いました。そして最初にやったのが、「しろくまのパンツは、どんなパンツ？」というアニマシオン。当然、動物のしろくまのパンツを考えてもらうつもりでした。

ところが、ここは鹿児島。多くの方が鹿児島名物「しろくま」（かき氷）の絵を描くという現象がおきてしまいました。これではおもしろくない、ということでたどり着いたのが、この「お話に登場しない動物のパンツを考える」という方法でした。

どの角度で本を楽しむかによって、様々な作戦が考えられると思います。より楽しい作戦になるよう試行錯誤して、レシピを増やしていきましょう。

（久川）

目的

・登場人物の特徴をつかむ。

対象・時間

・小学校低学年〜（3〜5人のチーム）／30分程度

＊大人が登場人物役で入ってもよい。

準備するもの

①絵本『おおきなかぶ』（A・トルストイ／再話，佐藤忠良／絵，内田莉莎子／訳．福音館書店）

②カードA・・・登場人物が描かれたカード。黒板に貼る。

＊おじいさん、おばあさん、まご、いぬ、ねこ。

③カードB・・・表に番号（または、あいう…）、裏に登場人物の名前を書いたカード。登場人物になる子どもが首にかける。

④「○」「×」「ノーコメント」と書かれた札・・・登場人物の数。

⑤探偵カード・・・質問と答え（登場人物）を書き込む。

⑥報告カード・・・探偵結果を記入する。

たんていカード _____ チーム

しつもん	あ	い	う	え	お

たんていけっか _____ チーム

あ	
い	
う	
え	
お	

進め方

① 『おおきなかぶ』の読み聞かせをする。

② 登場人物になる子どもを決め、前に並んでもらう。残りの子どもは3〜5人でチームをつくり、探偵になる。

・探偵チームは、みんなで力を合わせて質問を考え、登場人物を当てる。

・登場人物役の子どもは、探偵の質問に、「○（そうです）」「×（ちがいます）」「ノーコメント（ひみつ）」の札で答える。

③ 登場人物が描かれたカードAを黒板に貼る。

④ 登場人物役に一枚ずつ、カードBを配り、番号（あいう…）が見えるように首からかけてもらう。

⑤ その間に、探偵チームは自分たちのチーム名を考え、どのような質問をするかを決めて、「探偵カード」に書いていく。

⑥各チームから登場人物を特定するための質問をしてもらう。すべての
　チームの質問が出揃ったところで、だれが、どの人物に扮しているかを、
　チームごとに推理する。
⑦「報告カード」に探偵結果を書いてもらい、黒板に張り、答え合わせを
　する。

アドバイス
・「あなたはおじいさんですか？」など、正解を直接聞くような質問はで
　きません。
・必ず「○」「×」で答えられる質問を考えます。
・登場人物役は嘘をつくことはできません。回答に自信がない時や、どち
　らともいえない時は、「ノーコメント」で答えてもいいです。
・登場人物の中に“かぶ”を入れてもおもしろいでしょう。

ひとこと
　この手法は、『スーホの白い馬』（大塚勇三／再話，赤羽末吉／絵．福音
館書店）などでも応用できます。
　また、1冊の本を紹介する場合だけでなく、さまざまな目的に活用でき
ます。昔話を読んでほしい時は、「昔話の主人公」や「物語に出てくるお姫様」
を集めてクイズの対象にしたり、伝記を読んでほしい時は、「歴史上の人物」
や「戦国武将」を対象にしてもいいでしょう。
　このアニマシオンで紹介した本を図書館でコーナー展示していると、質
問の答えを確かめにくる子どもたちがいて、読書にもつながります。

（野間）

わたしたちはだれ？

目的

・十二支になっている生き物に関する、いろいろな本を知る。

＊ただし、十二支に関係するアニマシオンであることに、最初はふれないでおく。

対象・時間

・小学校低学年〜（3〜5人のグループ）／20分程度

準備するもの

①十二支が出てくる絵本や、その生態などが分かる本

『新版　動物』（小学館の図鑑 NEO，DVD つき．小学館）

『動物』（ポプラディア大図鑑 WONDA．ポプラ社）

日本名作おはなし絵本シリーズ（小学館）

　『かちかちやま』（千葉幹夫／文，井上洋介／絵）

　『ももたろう』（市川宣子／文，長谷川義史／絵）

　『はなさかじいさん』（舟崎克彦／文，土屋富士夫／絵）

　『わらしべちょうじゃ』（杉山 亮／文，高畠邦生／絵）

世界名作おはなし絵本シリーズ（小学館）

　『シンデレラ』（奥本大三郎／文，宇野亜喜良／絵）

　『ジャックとまめの木』（森山 京／文，村上 勉／絵）

　『ブレーメンの音楽たい』（寺村輝夫／文，和歌山静子／絵）

『てぶくろ』（ウクライナ民話，エウゲーニー・M・ラチョフ／絵，うちだ りさこ／訳．福音館書店）

『ちびくろ・さんぼ』（ヘレン・バンナーマン／文，フランク・ドビアス／絵，光吉夏弥／訳．瑞雲舎）

『100かいだてのいえ』（いわい としお. 偕成社）

『バルバルさん』（乾栄里子／文，西村敏雄／絵. 福音館書店）

『千と千尋の神隠し』（徳間アニメ絵本. 宮崎 駿. 徳間書店）

②問題用紙・・・生き物（十二支すべて）に関する3つのヒントを書く。

進め方

①問題用紙をグループに配る。

②3つのヒントを読んで、何の生き物かを考える。

　「前にある本を参考に、グループで相談しながら考えてください」

③「その生き物が、何に関係するかを考えてみてください」

④問題の答えと関連する本の紹介をする。最後に、今回やったアニマシオンは、十二支に関するものであったことを伝える。

⑤時間があれば、リストにあるような十二支に関する本も紹介する。

＜問題の例＞　＊難しい漢字にはルビをふる。

【問題1】（答え：うさぎ）

ヒント1：あなほりがとくいで、前足の先に、かたいつめがあります。

ヒント2：『かちかちやま』では、おばあさんのかたきうちをしようと、たぬきをこらしめました。

ヒント3：むかしは、1羽2羽と数えて食べていた、というはなしがあります。

【問題2】（答え：さる）

ヒント1：手足がとてもきようで、寒い季節には、温泉に入ったりもします。

ヒント2：『ももたろう』のおともで、おにたいじにいきました。

ヒント3：芸がとくいで、テレビや舞台などで活やくしています。

【問題3】（答え：ねずみ）

ヒント1：前歯は一生のびつづけるので、かたいものをかんだりして、とぎます。

ヒント2：『シンデレラ』で、魔法使いが魔法で馬にかえました。

ヒント3：よく猫にねらわれています。

ブックリスト

『十二支のはじまり』（岩崎京子／文，二俣英五郎／絵．教育画劇）

『十二支のはじまり』（長谷川摂子／文，山口マオ／絵．岩波書店）

『十二支のおはなし』（内田麟太郎／文，山本 孝／絵．岩崎書店）

『十二支のことわざえほん』（高畠 純．教育画劇）

『十二支のはやくちことばえほん』（高畠 純．教育画劇）

『十二支のかぞえうた』（さいとう しのぶ．佼成出版社）

『どうして十二支にネコ年はないの？』（ドリス・オーゲル／文，メイロ・ソー／絵，福本友美子／訳．徳間書店）　など

（橋本）

うきうきショッピング
『あのやまこえてどこいくの』

目的

・絵本を通じて、動物たちが買った「もの・道具」をどう使うかを考える。

・言葉のリズムを楽しむ。

対象・時間

・小学生（主に低学年。グループでも個人でも可）／ 20 ～ 40 分

準備するもの

①絵本『あのやまこえてどこいくの』（ひろかわ さえこ．アリス館）

②絵本のテキスト（動物ごと）をプリントしたもの … 右側に「○○さん、どこいくの？」から「～かって　どうするの？」までを印字し、左半分は空けておく。

③画用紙

④マジック、クレヨンなど

進め方

①最初の 2 ～ 3 ページを読み聞かせる。

②人数が多い場合は、4 ～ 5 人のグループに分かれる。

③グループに、②プリント、③画用紙、④マジック・クレヨンなどを配布する。

④グループで、買ったものの使い方を考えて、プリントの空欄に記入する。それを絵にして画用紙に描く。

⑤グループごとに発表する。

⑥最後まで読み聞かせして、絵本の中での使い方を紹介する。

アドバイス

　動物の特性を活かした「もの・道具」の使い方は多数考えられるので、発表する時間がたっぷりあるとよいでしょう。

ブックリスト

『おばけおばけのかぞえうた』（ひろかわ さえこ．アリス館）

ひとこと

　大人も子どももショッピングは大好き。さらに、動物が人間の道具をどう使うか？というテーマが想像力を刺激し、そこから楽しい交流が生まれます。大人向けの研修で３回実施しましたが、みんな楽しそうにグループ活動し、発表では踊りまで飛び出しました。

例：たこのざる→盆踊りで使う→ドジョウすくい

　　学校司書が３年生で実践した時の感想に、「子どもたちの豊かなアイディアや、群読などを取り入れる発表のしかたなど、楽しい時間になりました」とありました。

例：たこのざる→帽子にする

　　でんでんむしのボタン→草スキーをする

（大瀬）

自己紹介のアニマシオン
『あっちゃんあがつく』

目的

・自分自身について考える。また、ほかの人に自分のことを知ってもらう。

・いろいろな人のことを知り、話をするきっかけをつくる。

対象（人数）・時間

・小学校低学年～大人（何人でも）／20～40分

＊時間に制限がある場合は、3～5人でグループをつくる。

準備するもの

①絵本『あっちゃんあがつく　たべものあいうえお』（みね　よう／原案，
　さいとう　しのぶ／作．リーブル）

②自己紹介の文章を書く紙と筆記用具

③画用紙

④クレヨン、色鉛筆など

進め方

①絵本を一度、読み聞かせる（省いてもよい）。

②次に、「自分の名前の頭文字がでてきたら手をあげてね」と声をかけ、もう一度、読み始める。「だれがどこで手をあげるか、楽しみに見ていてね」などと声をかけてもよい。

③読み終わったら、今度は自分のことを紹介する文章を考えてもらう。絵本と同じように、名前が"あ"で始まる人は"あ"から始まる言葉で、できればリズムに乗せて発表できるような文章を考える。

④書き終わった人は、発表（自己紹介）の練習をする。

⑤描いた絵を見せながら、「○○ちゃん○がつく……」と、リズムに乗せて自己紹介をする。

アドバイス

・補助的な資料として国語辞典や百科事典などを用意しておくと、言葉を思いつかない子どもにも探してもらうことができます。

・参加人数が多かったり時間に制限があったりして全員が発表できない場合は、グループ内で発表を行い、最後にグループの代表が全員の前に出て発表するという形をとってもいいでしょう。

（徳留）

「レオ・レオニ」をクイズで楽しもう

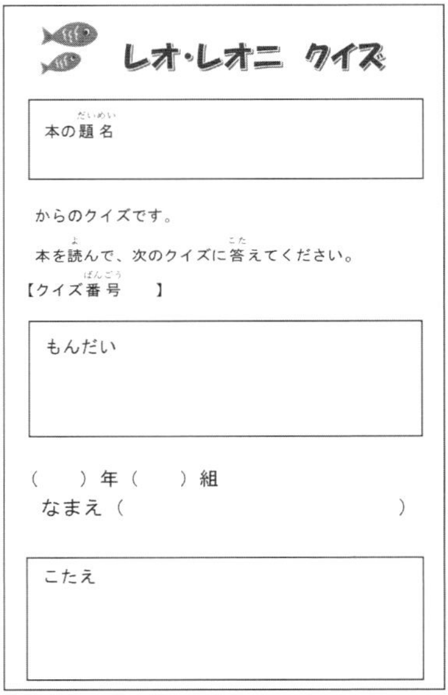

目的
・平行読書を楽しむ。
・図書室にクイズの場を設置することで、他学年を読書へ誘う。また、コミュニケーションのきっかけとする。

対象・時間
・小学2年生〜／45分

準備するもの
①レオ・レオニの本
②クイズを記入する用紙
＊①②ともグループの数だけ準備し、大きな封筒に入れる。

レオ・レオニ クイズ

本の題名

からのクイズです。
本を読んで、次のクイズに答えてください。
【クイズ番号　　】

もんだい

（　　）年（　　）組
なまえ（　　　　　　　　　）

こたえ

進め方
①封筒をグループに1つずつ配る。
②グループごとに本を読み、みんなでクイズを作る。
③クイズを、本と一緒に図書室や学級に置き、期間中だれでも自由に挑戦してもらう。
④クイズ期間終了後、クイズを作成したグループで答え合わせをする。

こんなことも
・図書室に置く前に自分たちの学級に1週間置き、次の図書の時間などを

使ってクイズ大会をするのもよいと思います。

・正解者には解答用紙にスタンプを押し、スタンプの数だけ通常より多くの本を図書室で借りられるようにするというのもいいかもしれません。

児童が作ったクイズ

『マシューのゆめ』　マシューはどんな、ふしぎなゆめをみたでしょうか。

『アレクサンダとぜんまいねずみ』　アレクサンダはどんなはやさで、うちへかけもどったでしょうか。

『うさぎたちのにわ』　2ひきのこうさぎは、おなかがすいているとき、なにをたべたでしょうか。

『おんがくねずみジェラルディン』　ジェラルディンはどうして、チーズをわけてくれなかったのでしょうか？

ブックリスト

『アレクサンダとぜんまいねずみ』『おんがくねずみジェラルディン』

『うさぎたちのにわ』『うさぎをつくろう』『せかいいちおおきなうち』

『コーネリアス』『さかなはさかな』『ぼくのだ！わたしのよ！』

『マシューのゆめ』（以上、谷川俊太郎／訳．好学社）

『ニコラスどこにいってたの？』（谷川俊太郎／訳．あすなろ書房）

ひとこと

　今回は2人1組で行い、採点も自分たちでしました。たくさんの人が挑戦してくれて、とても喜んでいました。

（大園）

ようこそ、どんぐりむらへ

目的

・どんぐりと遊ぶ。

・物語に描かれていない世界を想像する。

対象・時間

・小学校低学年／1～2時間（工作の時間で調整する）

準備するもの

①絵本『どんぐりむらのぼうしやさん』（なかや みわ．学研）

②ドングリ各種。枝、殻斗（ぼうしの部分）、葉などもあるとよい。

③工作用品・・・ボンド、クレヨン、画用紙、ダンボールなど

進め方

①『どんぐりむらのぼうしやさん』を読みきかせる。

②主人公の「くりん」「ちぃ」「ぽー」は、実際にあるドングリをもとに描かれていることを説明する。（実物が準備できない場合は、ドングリの写真やハンドブック、図鑑などを使ってもよい）

③「くりん」「ちぃ」「ぽー」に"あたらしいお友達"をつくってみようと
提案する。

　・参加者は、どんなお友達がいいか想像して、本物のドングリを使って
　　作ってみる。名前や性格、好きなもの、職業など、それぞれのプロ
　　フィールも考える。

　・時間があれば、その他の小道具なども制作する。

④完成したら、それぞれが制作したドングリのお友達をみんなに紹介する。

⑥みんなのドングリのお友達を集めると、「どんぐりむら」が完成する。

こんなことも

・工作の時間がとれない場合は、絵に描いてもいいでしょう。

・ワークは行わず、ブックトーク形式で進めることもできます。

ブックリスト

『どんぐりむらのぱんやさん』（なかや みわ．学研）ほか

『まるごとどんぐり』（大滝玲子・どんぐりクラブ．草土社）

『まるごとどんぐりスペシャル』（おおたき れいこ．かもがわ出版）

『どんぐりハンドブック』（いわさ ゆうこ／著，八田洋章／監修．文一総
　合出版）

（加治屋）

なりきり詩タイトルあてクイズ

目的

・身近な「もの」になりきって書かれた詩「なりきり詩（うた）」のおもしろさを
味わう。

・詩の表現や言葉から何を描いているかを想像し、創作へとつなげる。

対象・時間

・小学校１年生〜（何人でも。グループでも個人でも可）／ 30 分

準備するもの

①絵本『ふじさんとおひさま』

（たにかわ しゅんたろう／詩，さの ようこ／絵．童話屋）

②絵本『あそびのうた』（小海永二／編，和歌山静子／絵．ポプラ社）

③絵本『こころのうた』（同上）

④用意した絵本から、子どもが共感しやすい詩をいくつか選び、タイトル
や答えと重なる部分を隠したテキストをプリントする。

例：①「かみなり」「水族館」、②「さかだち」、③「ろうそく」

進め方

①準備した④のプリントを配り、タイトルを考えながら読んでもらう。

②それぞれが考えたタイトルを書き入れる。

③どうしてもタイトルが浮かばない場合は、アニメーターが声に出して、
ヒントになるような部分を強調しながら読む。

④全員が書き終わったら発表してもらい、ほかの人の意見も聞く。

⑤作者がつけたタイトルを示す。ただし、決して正解としてではなく、「作

者はこういうタイトルをつけています」という言葉を添える。
⑥最後にもう一度、みんなで読む。

こんなことも

　詩の一部を隠したり季節の詩を集めれば、さらに言葉を引き出せます。詩の単元は学期ごとにあるので、導入やまとめで実施してもいいでしょう。

ブックリスト

『しゃべる詩あそぶ詩きこえる詩』『みえる詩あそぶ詩きこえる詩』
『おどる詩あそぶ詩きこえる詩』（以上、はせ みつこ／編，飯野和好／絵. 冨山房）
『しぜんのうた』ほか「みんなで読む詩・ひとりで読む詩」全6巻
　（小海永二／編，和歌山静子／絵. ポプラ社）
『詩のランドセル　1ねん』ほか全6巻（吉田瑞穂ほか／編集・解説. らくだ出版）
『元気がでる詩　1年生』ほか全6巻（伊藤英治／編，長野ヒデ子／絵. 理論社）
『声に出して楽しんで読もう　1年生』ほか全6巻（小森 茂／監修. 学研）
『のはらうた』全5巻（くどう なおこ. 童話屋）
『ことばあそびうた』（谷川俊太郎／詩，瀬川康男／絵. 福音館書店）

ひとこと

　自分で朗読したり、群読したりしてみると、読むだけでは分からなかった言葉のリズムに気づいたり、新たな感動が生まれることがあります。
　詩を作るのはとても難しく感じますが、みんなで味わってからだと、すぐに作れそうな気がします。間違えても気にせず、出てきた言葉で新しい詩を作ってみるなど、創作の楽しさも知ってほしいです。

（岡元）

ふまんがあります！りゆうもあります！！

目的

・絵本に出てくる主人公と両親のやりとりの真似をして、創作を行う。

対象（人数）・時間

・小学校低学年〜大人（何人でも）／人数により調整

＊チームをつくり、対抗戦を行う。

準備するもの

①絵本『ふまんがあります』『りゆうがあります』

　　（ともに、ヨシタケ シンスケ . PHP 研究所）

②画用紙 ・・・ 各チームに数枚

③筆記用具と色鉛筆またはクレヨンのセット

④『ふまんがあります』の主人公の、不満を書いた「ふまんカード」

　　例：「どうして こどもは はやく ねないといけないの？」「どうして パ

　　　　パがイライラしているからって わたしまで怒られるの？」

⑤『りゆうがあります』の主人公の、"ついやっちゃうこと"を書いた「ついついカード」

例：「びんぼうゆすりを ついやっちゃう」「ろうかを ついはしっちゃう」

進め方

①参加者は、2〜4人のチームをつくり、自己紹介をすませておく。

②各チームに、画用紙と筆記用具を配布する。

③アニメーターが、「ふまんカード」と「ついついカード」の中から1枚引いて、お題を決定する。お題について、その理由をチームで考え、画用紙に書いてもらう。制限時間はその場に応じて設定する。

④チームごとに発表を行い、どうしてそういう理由を考えたのか、きっかけとなった出来事などを説明する。

⑤どのチームの"理由"がすばらしかったか、拍手によってチャンピオンを決定する。その際、「おもしろかったチャンピオン」「本当だったらうれしいチャンピオン」などの部門に分けると、さらに盛り上がる。

こんなことも

参加者の日常生活での不満や、ついやっちゃうことをアンケートで集め、オリジナルのカードを作ると、また違った楽しみ方ができます。

小学校高学年以上であれば、出題チームと回答チームに分かれて、互いに難しいお題を出し合うといった対抗戦を行うのもおもしろいでしょう。

（屋田）

やさいでクイズ合戦

目的

・学級園などで育てている野菜に関心をもち、栽培への意欲を育てる。

・図書館で「6類」に分類される関連図書にふれる機会をつくる。

・クイズ形式にすることで、発表する楽しみを味わう。

対象（人数）・時間

・小学校 3 年生〜大人（15 〜 30 人。6 人以下のチーム）／ 30 〜 60 分

準備するもの

①『やさいのずかん』『そだててあそぼう』など、クイズ作成の参考になる本。
　ブックリストを参考に、なるべくたくさん並べておく。

②野菜の写真と、それを隠す紙 … 学級園の野菜など、いろいろな種類を
　準備し、番号をふった紙でおおい隠す（隠された野菜が何かを当てる）。
　もらった番号がチーム番号となる。

③ヒントを書く紙と筆記具

進め方

① 6 人以下のチームをつくり、その中から回答者になる人を 1 人決める。

②各チームに野菜の写真を配る。他のチームに知られないように注意しながら、クイズのヒントを考える。

ここでアニメーターは、ヒントを考えるために、準備した本が役に立つことを伝える。例えば、『やさいのずかん』は巻末に、野菜についての詳しい説明があることなどを教えるとよい。

③各チームは、出されたヒントを 5 つに絞り、ヒントを出す順番と発表者を決める。回答者以外、全員で順番に発表する。

ヒントを出す順番は、難しいものを最初に、簡単なものを最後に持ってくる。

④回答者は前に出て、出身チームとは異なる番号札をもらう。もらった番号札と同じ番号のチームの出題に答える。

・1 つヒントが出されるたびに、回答者は 1 回答えることができる。

・回答が合っていても間違っていても、出題チームは次のヒントを出し続ける。

・回答者は、最後のヒントを聞くまで、答えを変えることができる。

⑤回答者が最後のヒントに答えたら、出題したチームのみんなで正解を発表し、写真を見せる。

「答えは○○でした！　○番目のヒントで正解でした」

アドバイス

クイズ合戦を楽しむために、何番目のヒントで答えたかによって、出題者・回答者に得点をつけて、競う方法もあります。この場合、回答者の得点は、出身チームの得点に加算します（次頁の得票例を参照）。

<得票例>

回答者の得点	ヒント	出題者の得点
5 点	①原産地はアフガニスタンあたりです	1 点
4 点	②冬に土の中からとれます	2 点
3 点	③春の七草に入っています	3 点
2 点	④白と赤があります	4 点
1 点	⑤たくさんの人や動物がひっぱって　抜く　おはなしがあります	5 点

（答え：かぶ）

ブックリスト

『やさいのずかん』（小宮山洋夫．岩崎書店）

『ポプラディア情報館 20　日本の農業』（石谷孝佑．ポプラ社）

『サツマイモの絵本』『ジャガイモの絵本』『ニンジンの絵本』

『ダイコンの絵本』『キャベツの絵本』『ラッカセイの絵本』『カブの絵本』

『ブロッコリー・カリフラワーの絵本』など（以上、そだててあそぼうシリーズ．農山漁村文化協会）

『図解　おもしろ子ども菜園』（竹村久生／著，橋本洋子／絵．農山漁村文化協会）

『「よくある失敗」と「対策」がわかる野菜づくり』（藤田 智／著．日本文芸社）

『しょくぶつのさいばい』（NATURA ふしぎをためす図鑑．肥土邦彦／監修．フレーベル館）

（大田）

図書館のまよい犬をさがせ！

目的

・さまざまな分類の本と出会う。

・図書館の本の分類配置に関心をもつ。

対象・時間

・小学校中学年〜大人（3〜4人のグループ）

　／40分程度

準備するもの

①犬が出てくる、いろいろな分類の本をグループの数だけ選び、「表紙」
　と中の「1ページ」をそれぞれコピーする。コピーした元のページには、
　④の犬のシール（大）を貼り、本は棚へ戻しておく。

②図書館（室）の白地図 ・・・ グループの数

③封筒 ・・・ グループの数。中に、「ページ」のコピーと白地図を1枚ずつ
　入れておく。

④犬のシール（大）・・・ グループの数（本の中に貼る）

⑤犬のシール（小）・・・（グループ数）×（グループ数 − 1）

⑥発表のしかたシート

> わたしたち（ぼくたち）の見つけた本は、
> 『　　　　　　　　　　　　　』です。
> 分類（ぶんるい）は、（　　　　　　　）番です。
> 本のある場所は、ここです。（指でさしてください）
> ぜひ、みなさんも探してみてください。

進め方

① 図書館に逃げ込んだ犬を、みんなで探してほしいことを伝える。

　　——きょうはお願いがあって、みなさんに図書館に来てもらいました。じつは、この図書館の本の中に、たくさんの犬が迷いこんでしまいました。そこで、犬が逃げこんでいる本を見つけて、捕まえてください。

② グループに封筒を配り、ヒントとして、すべての本の表紙のコピーを見せる。

③ 「ページ」と表紙のコピーから、自分たちに託された本が何か考えて、図書館の中から探しだす。

④ 本を探しだしたら、貼ってあった犬のシール（大）をはずし、本を見つけた棚の場所を白地図で探して、そこに貼る。

⑤ すべてのグループが本を探し当てたら、「発表のしかたシート」を配り、書き方や発表のしかたを説明する。この時、犬のシール（小）も配る。

⑥ グループで「発表のしかたシート」を書き、発表する。

⑦ 他のグループが見つけた犬の場所（分類）も分かるように、自分たちの白地図に犬のシール（小）を貼る。

⑧ 最後に、図書館には物語や図鑑だけでなく、さまざまな分類の本があることを伝える。

アドバイス

① 探す対象の本は、漢字辞典や国語辞典、ことわざの本など、学年に応じて選ぶといいでしょう。

② 表紙や中のページをコピーするので、学校の授業以外で行う際は、著作権の利用申請が必要です。出版社によって対応が違いますが、百科事典や著者が外国人の絵本などは、著作権確認に時間がかかる場合や、利用

が難しいこともあるので、早めに準備しましょう。

③「発表のしかたシート」は、なくてもいいかもしれませんが、シートを
　使うと時間が短縮できます。

ブックリスト

＊今回準備した、犬が出ている本のリスト

（0類）『新訂版　総合百科事典ポプラディア1』（ポプラ社）

（1類）『見つけよう！ぼくの、わたしの、座右の銘1　人生』（座右の銘
　　　　研究会／監修. 教育画劇）

（2類）『西郷隆盛』（よんでしらべて時代がわかるミネルヴァ日本歴史人
　　　　物伝. 大石 学／監修, 西本鶏介／文, 野村たかあき／絵. ミネルヴァ
　　　　書房）

（3類）『人と社会のためにはたらく犬たち1』（犬とくらす犬と生きるま
　　　　るごと犬百科. 特定非営利活動法人日本補助犬協会／監修. 金の
　　　　星社）

（4類）『動物』（小学館の図鑑NEO. 小学館）

（5類）『絵本からうまれたおいしいレシピ』（きむら かよ 他. 宝島社）

（6類）『動物にかかわる仕事』（知りたい！なりたい！職業ガイド. ヴィッ
　　　　トインターナショナル企画室／編. ほるぷ出版）

（7類）『なぞかけ動物園』（ねづっち. 理論社）

（8類）『チャレンジ小学国語辞典 第四版』（湊 吉正／監修. ベネッセコー
　　　　ポレーション）

（9類）『マヤの一生』（椋鳩十全集15. 椋 鳩十. ポプラ社）

（絵本）『バムとケロのにちようび』（島田ゆか. 文溪堂）

（増山）

えっ！ 取扱説明書なんてあるの？

目的

・主人公の考えと自分の考え、友達の考え を比較して楽しむ。

・自分の考えを他人に伝える力をつける。

対象（人数）・時間

・小学校中学年〜大人（何人でも）／ 100 分程度

準備するもの

①絵本『かあちゃん取扱説明書』

　（いとう　みく／文，佐藤真紀子／絵．童 心社）

②ワークシート …1 人に 3 〜 5 枚

③白い紙（表紙用）… 人数分

④筆記用具、色鉛筆、クレヨンなど

⑤ホチキス、パンチなど

進め方

①アニメーターは、『かあちゃん取扱説明書』の 7 〜 10 ページを朗読する。 その後、次のような説明をする。

　——主人公の哲哉くんは、自分の書いた作文の感想をお父さんに求めま した。すると、「かあちゃんにもあつかい方があるんだよ」と言われます。 そこで、コーヒーメーカーの取扱説明書を参考に、「かあちゃん取扱説

明書」略して「トリセツ」を作ることにしました。みなさんも真似を
して、自分のお母さんのトリセツを作ってみましょう！

②絵本に沿って説明書の作成を行う。まず、主人公の考えを読み、みんな
で感想を言い合ったのち、作成に入る。

　例：食べたいごはんを作ってもらう方法

　　　勉強、勉強といわせない方法

　　　失敗したときおこられない方法、など

・1つの項目に対して、基本・応用・注意の3点に分けて考える。

・作成が早い人は、オリジナルの項目を作ってページを増やしていく。

③表紙用の紙に、お母さんの全身図や似顔絵を描く。時間が余ったら、絵
に引き出し線を付け、「各部の名称」として簡単な説明を入れてもよい。

④表紙と説明書をホチキスでとめて、タイトル「○○取扱説明書」（○○
はお母さんの名前や、説明書で使った「役職名」など）を記入して完成。

⑤まわりの人と、完成した説明書を交換して読み合う。

⑥最後に全員で、おもしろかった説明書を発表する。

（屋田）

〈 **ワークシートの例** 〉

方法
☆きほん編
☆おうよう編
【ちゅうい点】

あなたは何太郎さん？

目的

・民話に親しむ。

・登場人物の特徴をとらえ、うまく回答を引き出すための質問を考える。

対象・時間

・小学校中学年〜大人／ 45 分程度

＊太郎役に 5 人、残りは 3 〜 5 人のグループをつくる。

準備するもの

①太郎のつく絵本 5 冊

　　『ももたろう』（松居 直／文，赤羽末吉／絵．福音館書店）

　　『きんたろう』（杉山 亮／文，竹内通雅／絵．小学館）

　　『うらしまたろう』（まつたに みよこ／文，いわさき ちひろ／絵．偕成社）

　　『ちからたろう』（いまえ よしとも／文，たじま せいぞう／絵．ポプラ社）

　　『三ねんねたろう』（おおかわ えっせい／文，わたなべ さぶろう／絵．ポプラ社）

②5 人の太郎の名前を書いたカード

③ワークシート ・・・ グループの数

進め方

①太郎役の 5 人にカードを引かせ、どの太郎になってもらうかを決める。決まったら、役になりきるため絵本をよく読んでもらう。他の人たちは、3 〜 5 人のグループに分かれる。

②アニメーターがゲームのやり方を説明する。

——この5人には、桃太郎・金太郎・浦島太郎・力太郎・三年寝太郎になってもらいます。みなさんは、この5人に〇・×で答えられる質問をして、だれがどの太郎さんなのかを推理してください。

③グループごとに3問ずつ質問を考えてワークシートに書き、太郎役の5人に質問していく。

④太郎役は質問に、「〇（そうです）」「×（ちがいます）」「△（ノーコメント・秘密）」の三択で答える。

あなたは何太郎さんですか？

ももたろう	きんたろう	うらしまたろう

さんねんねたろう	ちからたろう

質問	質問の答え（〇×△）				
	①	②	③	④	⑤

⑤回答をもとに、グループで、だれがどの太郎さんなのかを推理し、シートに記入する。

⑥最後に太郎役から、自分がどの太郎さんかを明かしてもらい、グループの結果を発表する。（全問正解、3問正解、など）

アドバイス

・「あなたは〇〇太郎さんですか？」という質問はできません。

・質問を考えさせる際に、「1問目は『あなたは動物となかよしになりますか？』を聞きます」など、アニメーターがお手本を示しましょう。

・チーム対抗戦にすると、話し合い、協力する学習につなげられます。

こんなことも

　「あなたは何姫さま？」（白雪姫・シンデレラ・眠り姫・かぐや姫・乙姫）や、「あなたはどのうさぎ？」（かちかち山・不思議の国のアリス・うさぎとかめ・いなばのしろうさぎ）など、様々なアレンジができます。

　出題数を減らしたり、答えを〇×二択にすると、低学年でも楽しめます。

（屋田）

どうぶつアニマシオン

目的

・骨や体の特徴から、人間やその他の動物への興味・関心を引き出す。

対象・時間

・小学校中学年～大人／ 40 分程度

＊人数が多い時は、3 ～ 5 人でグループをつくる。

準備するもの

①絵本『ホネホネ絵本』（スティーブ・ジェンキンズ／作，千葉茂樹／訳．
　あすなろ書房）

②『どうぶつの耳』（わしお ときこ．アリス館）

③紙で作った骨の模型（中指の一部分）を人数分またはグループの数 ・・・
　『ホネホネ絵本』を参考に作成する。

④答えを書く紙と筆記用具

進め方

①骨の模型を渡し、どこの部分の骨か推理してもらう。

　実際に体のいろんな場所に骨を当てて、どの部分の骨なのか推理する。

②人数が少ない場合には1人ずつ、多い場合にはグループで、答えを発表
　してもらう。

③絵本を使って答え合わせをする。骨の模型は本を参考にして作成したも
　のであることを伝え、答えのページを紹介する。骨は、中指の骨の一部
　であることを確認する。

④次に、動物に関するクイズを出す。（出題数で時間調整する）

　1問ごとに（グループで話し合って）答えを書き、答え合わせをしていく。

＜クイズの例＞

　Q1．人間の肋骨の数は？（自分の体に触れながら考える）…　A．12対

　Q2．動物の中で最も肋骨の数が多いのは？　…　A．へび

　Q3．世界で一番長いへびは、人間何人分の長さ？

　　　　1人分　　　2人分　　　3人分　…　A．3人分

　Q4．トラの耳の後ろはどうなっているか？　また、なぜそのような模様を
　　　　しているか？　…　答えは『どうぶつの耳』で確認する。

　・Q1、Q2は『ホネホネ絵本』、Q3、Q4は『どうぶつの耳』から出題。

　・念のため、ギネスブックなどで最新の情報を確認しておく。

⑤全体を振り返る。可能なら、人間と他の動物との違いなどにふれる。関
　連する本を紹介してもよい。

ブックリスト

『ヘビ大図鑑』（クリス・マティソン／著，千石正一／監訳．緑書房）

（久川）

セミの不思議

目的
・生き物に興味を持つきっかけをつくる。
・本で学んだことを実際に体験する。

対象・時間
・小学校中学年〜大人／ 10 〜 15 分
＊個人でも、3 〜 5 人のグループでも可。

準備するもの
①『昆虫』（ポプラディア大図鑑 WONDA.
　ポプラ社）
②『昆虫』（小学館の図鑑 NEO．小学館）
③『もっと知りたい　セミの羽化』（赤木かん子．新樹社）
④セミの抜け殻（実物）・・・オスとメスを人数（グループ）分
⑤抜け殻の絵を描く紙と筆記用具・・・人数分

進め方
①まず、アニメーターは、これからセミについて話をすること、わからないことは百科事典や図鑑を使うと調べられることを伝え、その後、用意した図鑑①②の紹介をする。
②セミとはどんな生き物かを、図鑑や百科事典を使って調べていく。その際、次のようなクイズを出しながら進めていくとよい。
　Ｑ１．セミってなあに？　→②『昆虫』で調べて言葉の定義を確認する。
　Ｑ２．羽化ってなあに？　→同様に、②『昆虫』で調べる。

Q3．鳴くのはオス、メスのどっち？

（1）オス　　（2）メス　　（3）どちらも鳴く

ここで、セミが鳴く仕組みを説明する。

Q4．セミは、次のどの生き物と仲間だと思いますか？

（1）トンボ　（2）カメムシ　（3）カブトムシ

③『セミの羽化』の読み聞かせを行う。この中に、オスとメスの見分け方について書かれているところがあるので、そこを詳しく説明する。

④実際にセミの抜け殻を見ながら、オスとメスの特徴などを確認しつつ絵に描いていく。

⑤時間があれば、実際に野外に出てセミの抜け殻を探す活動や、羽化の観察などができるとよい。

アドバイス

　野外に観察に出る場合は、事前にどのあたりに抜け殻があるかを確認しておくとスムーズに観察できる。

（久川）

気になる記号

目的

・自分の通学路にある、たくさんの記号の意味を探る。

対象・時間

・小学校中学年〜（6グループに分かれる）／40分程度

準備するもの

①通学路で見かける記号を6つ選び、その絵と名前と説明文を2枚ずつコピーする。1枚は黒板に貼る。もう1枚は、画用紙を半分に折って片面に貼る。反対側に数字をふって、首からさげられるようにリボンをつける。記号役になる子どもは、数字の部分が見えるように首にかける。

②「〇」「×」と書かれた札を、各6枚

③探偵カード・・・6枚

④報告カード・・・6枚

〈探偵カード〉

質問	質問の答え					
	①	②	③	④	⑤	⑥

進め方

①参加者を6グループに分ける。

②グループから1人、記号役になる人を決めて、前に出てもらう。

③アニメーターは次のように説明し、探偵カードと報告カードを渡す。

　——今から「私は何でしょう？」というアニマシオンをします。前に立っ

ている人たちには、次の記号のどれかになってもらいます。

それは道路標識で、次の6つです。

「自転車および歩行者専用」「学校、幼稚園、保育所などあり」

「歩行者横断禁止」「横断歩道」「自転車通行止め」「車両進入禁止」

——ただし、この人たちはしゃべれません。みなさんは、○×で答えられる質問をして、何番の人がどの標識になっているか推理してください。

④グループで2つ以上の質問を考え、探偵カードに書いておく。

⑤全グループで公開質問をする。他のグループの質問と答えも探偵カードに書き込み、推理の参考にする。

〈報告カード〉

（　　　　　　　　　　）グループの捜査結果

**自転車および
歩行者専用**

歩いている人と、自転車だけが通れる道です。

**学校、幼稚園、
保育所などあり**

学校・幼稚園・保育所があります。

歩行者横断禁止

歩行者は、この道をわたってはいけません。

横断歩道

歩いている人は、この横断歩道で道をわたれます。

自転車通行止め

自転車は、この先にはすすめません。

車両進入禁止

車などの乗り物は、この道に入ってはいけません。

⑥質問が終わったら、グループで推理をまとめ、報告カードに答えを書く。

⑦全グループが書き終えたら、記号役になった子どもたちに正解を発表してもらう。

⑧交通記号に関する本を紹介する。

アドバイス

・普段見慣れていても名前を知らない標識も多いので、記号役の子どもたちにもグループにも、ヒントを用意します。また、事前の説明を少し詳しくします。

・参考にする本を事前に紹介して各グループに配り、質問を考える参考にする方法もあります。

ブックリスト

『よくわかる！記号の図鑑（1）交通、乗り物、案内、指示の記号』（木村 浩／監修．あかね書房）

『記号とマーク・クイズ図鑑』（村越愛策／監修．あかね書房）

『マーク・記号まるごと図鑑』（もっと知りたい！図鑑．村越愛策／監修．ポプラ社）

（前原）

昔の道具、未来の道具

目的

・昔から暮らしのなかで使われてきた道具の変遷に興味をもち、将来どんな発展をとげるのかを想像してみる。

対象・時間

・小学校中学年〜大人（5〜6人のグループ）／40分程度

準備するもの

①『ポプラディア情報館49　昔の道具』（工藤員功／監修．ポプラ社）など、昔の道具を調べられる本をなるべく多く準備する。

②道具の写真・・・①の中から、洗濯や掃除、照明など、日常の暮らしで使われてきた道具類の変遷が分かるページをコピーして、1点ずつ切り抜いておく。用途ごとに5点ほど選んでセットにして、それぞれ封筒に入れる。（ラミネートをかけておくと、繰り返し使える）

③道具の変遷を一覧にして歴史書風にまとめるための台紙・・・画用紙をB6サイズに切り、5枚ほどセロテープでつないで蛇腹に折る。（台紙のつなぎ方は、道具の形によって横開きと縦開きの2通りが考えられる）

④未来の姿を書き込むための台紙（2枚続き）・・・③に合わせて作る。

＊②③④は、グループの数だけ準備する。

⑤付箋（大きいもの）・・・道具の用途や使い方などを書き込む。

⑥両面テープ、またはセロテープ

⑦筆記用具、色鉛筆など

進め方

①参加者は、5〜6人のグループに分かれる。

②アニメーターは次のように説明し、各グループに②の封筒を配る。

　　——これからみなさんに、3つの課題に挑戦してもらいます。渡した封筒にはいろいろな道具の写真が入っていますが、同じ封筒に入っている道具はみな、同じ用途で使われる仲間です。

＜課題1＞　まず、これらの道具がいったい何に使うものなのか考えよ。また、その道具を進化の順に並べよ。

③並べ終わったら順に、③台紙と⑤付箋を取りに来させる。

　　——次は、道具の移り変わりを歴史書にまとめてもらいます。台紙の1ページ目は表紙になるので、2ページ目から古い順に写真を貼って、移り変わりが分かるように作成してください。

＜課題2＞　付箋にそれぞれの道具の名前と使い方などの説明を書き、写真とともに貼ってページを完成させよ。ただし、分からないことは前にある資料で調べて、正しい歴史書に仕上げること。

④歴史書の表紙を考える。

＜課題3＞　自分たちで作った歴史書の題名を考えて、表紙を作成せよ。編集者の名前（グループ名でもいい）も必ずいれること。

⑤早く終わったグループは④の台紙と付箋を使って、未来の道具の姿を描き、ページをつなげる。

<追加課題>　道具の進化の過程が分かったら、次は未来の姿を想像せよ。
⑥時間があれば、グループごとに発表をしてもらう。
⑦最後に、本の紹介をする。

アドバイス

・この作戦を「探偵ゲーム」風に構成したり、「課題解決プロジェクト」と命名したりして、子どもたちのやる気を引き出しましょう。封筒の表に「㊙捜査資料在中」「重要歴史資料　部門1」などと書くと、雰囲気が出ていいかもしれません。
・このアニマシオンも本のページをコピーして使うため、学校の授業以外で使う際には、著作権の利用申請をします。昼休みや放課後などに行う場合は、学校であっても申請が必要となります。申請の仕方は、日本書籍出版協会のホームページから確認できます。

ブックリスト

『昔のくらしの道具事典』（小林 克／監修. 岩崎書店）
『まるごとわかる「モノ」のはじまり百科2 くらし・生活用品』
（山口昌男／監修. 日本図書センター）

こんなことも

　1つの物の歴史を書画カメラなどで映してたどったあと、「新商品の企画書を作ろう」というアニマシオンにつなげる、というやり方もあります。新商品は、参加者全員が一人一作品を考えます。グループで1つにしぼり、代表が前に出て発表します。その日のナイスデザイン賞まで決めるといいですね。

（前原）

論理脳に挑戦！ 絵本編

目的

・論理的な思考を楽しみながら、いろいろな絵本にふれる。

対象・時間

・小学校 3 年生〜（3 〜 5 人のグループ）／ 30 分以上

準備するもの

①絵本 5 冊

　『きみはほんとうにステキだね』（宮西達也．ポプラ社）

　『ドラゴンだいかんげい？』（デイヴィッド・ラロシェル／文，脇山華子
　　／絵，長友恵子／訳．徳間書店）

　『100 万回生きたねこ』（佐野洋子．講談社）

　『キャベツくん』（長 新太．文研出版）

　『ねこざかな』（わたなべ ゆういち．フレーベル館）

②ワークシート 5 枚 ・・・ 問題『A』〜『E』を 1 枚ずつ。ヒントは共通。

＜ワークシートの例＞　＊難しい漢字にはふりがなをふる。

【問題】『A』の本の題名はなんでしょう。また、どのような内容でしょうか？

☆ 5 冊の絵本は横一列に並んでいます。ヒントを参考に下の表を完成させて、
　問題に答えてください。

ヒント 1「ブタにねらわれた」お話の両隣は、「うみにおちた」お話と、「ねこ」
　　　　が出てくるお話です。

ヒント 2『E』のお話は、「ブタにねらわれた」お話です。

ヒント 3『A』のお話は、右から 2 番目です。

ヒント4「きょうりゅう」が出てくるお話は、左端です。

ヒント5「ドラゴン」が出てくるお話は、「犬を飼う」お話です。

ヒント6『B』のお話は、「キャベツ」が出てくるお話の隣です。

ヒント7「さかなにのみこまれた」お話は、『A』です。

ヒント8「ねこ」が出てくるお話は、「キャベツ」が出てくるお話より右側です。

ヒント9「さかなにのみこまれた」お話は、「１００万回生きた」お話と「犬を
　　　　飼う」お話の間です。

ヒント10『D』のお話は、「１００万回生きた」お話です。

	左		真ん中		右
題名					
いきもの					
内容					

進め方

①絵本５冊の表紙を見せながら、題名を紹介する。本は前に並べておく。

②ワークシートをグループに１枚ずつ配る。

④グループで話し合って表を埋め、答えを出す。前にある本を見てもよい。

⑤各グループの代表は前に出て本を並べ替え、答えを発表する。

⑥全部の回答が出そろったら正解を発表して、あらためて本の紹介をする。

ひとこと

　教科書に紹介されている本や昔話など、本を替えていろいろとやってみるといいです。子どもたちが知っている本でも、似た内容の本をまぜておくと混乱するので、それもまたおもしろいと思います。

ブックリスト

『アインシュタイン式論理脳ドリル』(アインシュタイン研究会. 東邦出版)

(橋本)

三行詩で遊ぼう

目的

・三行以内の短いことばで表現することを楽しむ。

対象・時間

・小学校低学年〜大人／ 45 〜 60 分程度

準備するもの

①見本となる作品（アニメーターの作品か詩や物語の一節など）

②三行詩のクイズカード・・・1 人に 5 枚程度

③筆記用具、色鉛筆など

進め方

①「なんのことでしょうか？」

まず、見本となる作品を使って、何を
説明しているのか当てるクイズを作る、
というルールを確認します。

（右の見本の答えは、鉛筆）

②「つくってみよう！」

さっそくクイズカードを配り、自分の
作品を作ってみます。約束は 3 つです。

(1) タイトルと同じ言葉は入れません。

(2) 本文（クイズ）は 3 行までとします。

(3) 何かイラストを入れるとたのしいね。

できあがったら、アニメーターにわたしましょう。

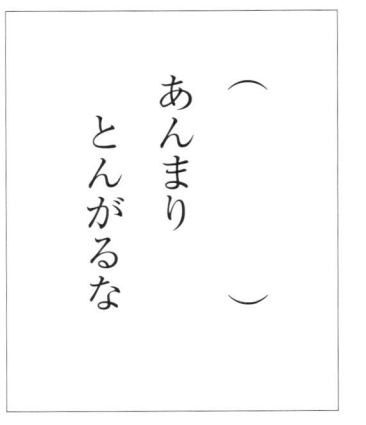

（　）
あんまり
とんがるな

③「みんなでクイズ合戦！」

　アニメーターが集めたクイズを1枚ずつ読み上げ、みんなでクイズの答えを当てていく。

こんがり　かりかり
ふっくら
ふわふわ

パン

ほっとひといき
ちょっぴり
にがい

コーヒー

あまえんぼう
おなかがすいたら
あばれんぼう

ねこ

アドバイス

・表がクイズ、裏がその答えとイラストだったら、答えの枠を作る必要はありません。（画用紙1／4で十分ですよ）

・グループで競ったり、おもしろチャンピオンを決めてもいいですね。

・季節の行事にあわせて、テーマを絞ってもおもしろい作品が出てくることでしょう。

ブックリスト

『はじめてのアニマシオン』（岩辺泰吏＋まなび探偵団アニマシオンクラブ．柏書房）

ひとこと

　クイズと答えを2枚に分ければ、"かるた"としても使えそうです。

　学校や地域でおこなったら、教室や公民館に張り出して、PTAや地域の方にも見てもらうといいですね。

（田島）

群読でアニマシオン

目的

・群読（集団で、リズムに合わせて読んだり、パートを決めて読んだりする手法）の台本を、自分たちで作る。

・群読を通して、声に出して詩を読むおもしろさや、友だちと声をあわせる楽しさを味わう。

対象（人数）・時間

・小学校低学年〜大人（多くても 60 人くらいまで）／ 90 分

＊ 4 〜 5 人のグループをつくる。

準備するもの

①詩集（グループに 1 冊）・・・『のはらうた』（くどうなおこ）、『ことばあそびうた』（たにかわしゅんたろう）ほか、まど・みちお、川崎洋など

②群読台本・・・「そうだ村の村長さん」（阪田寛夫／詩）を準備する。

＊ A・B ともソロで、同時に読む。複数で読む場合は、同数程度に分ける。

③群読台本枠・・・2 パート型、4 パート型の 2 種類を準備する。

④採点表・・・「声の大きさ」「発表の工夫」を、それぞれ 5 点満点で評価。合計点で競う。

A	B
	そうだ　そうだ
	そうだ　そうだ
	そうだ　そうだ
	そうだ　そうだ
そうだ村の	そうだ　そうだ
そんちょうさんが	そうだ　そうだ
ソーダを飲んで	そうだ　そうだ
しんだそうだと	そうだ　そうだ
みんながいうのは	そうだ　そうだ
・・・	・・・
・・・	・・・
・・・	・・・

途中でAとBが交代して読んでいく

進め方

①まず、群読とは何か、群読のやり方などを簡単に説明し、実際に全員で「そうだ村の村長さん」を群読してみる。

②全体を半数ずつに分け、②の台本で、ソロパートとコーラスパートを交互に読む。

　読み方は楽しく、とくにBのコーラスパートは、ソロのリズムに合わせてリズミカルに「そうだ　そうだ」と読んでいく。

③その後で、グループに当てられた詩集から1編を選び、群読の台本を考える。このとき、ソロやコーラスなどのパート分けを工夫したり、言葉の使い方（繰り返し、擬音など）に着目して作っていく。

④台本ができたら、発表の練習をする。

⑤順番に発表し、他のグループの発表を採点する。

⑥成績発表をして、感想を発表しあう。

アドバイス

・詩は、リズムのおもしろいもの、繰り返しのあるもの、短いものを選ぶ。

・小学校で行う場合は、高学年に低学年の手助けをしてもらうとよい。

・発表の聴き方や採点の仕方など、楽しくできるようにアドバイスする。

ブックリスト

『まどさんとさかたさんのことばあそび』（まど・みちお，阪田寛夫／詩，かみや しん／絵．小峰書店）

ひとこと

　学校図書館などで定期的に実施できる作戦です。また、子どもから高齢の方まで幅広く楽しめるアニマシオンでもあります。詩集だけでなく、物語の一節や歌の歌詞などを使っても、おもしろくできるでしょう。

（田島）

小学校中学年

あなたも、メイ編集者

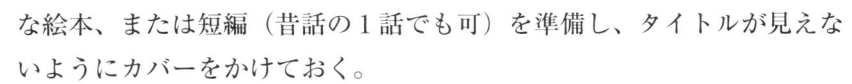

目的

・本を多くの人の手にとってもらえ
　るように、自分が編集者になった
　つもりで、タイトルや帯のキャッ
　チコピーを考える。

対象（人数）・時間

・小学校中学年〜大人（何人でも。
　3〜5人のグループ）／30分

準備するもの

①参加者にあまり知られてなさそう
　な絵本、または短編（昔話の1話でも可）を準備し、タイトルが見えな
　いようにカバーをかけておく。

　例：『ぜつぼうの濁点』（原田宗典／文，柚木沙弥郎／絵．教育画劇）

②いろいろな本の帯を数枚 ･･･ キャッチコピーの見本にする。

③タイトルを書く紙とキャッチコピーを書く紙 ･･･ グループに1枚ずつ

進め方

①題名やキャッチコピーの役割について説明する。

　「本の題名や帯に書いてあるキャッチコピーは、本の内容を簡潔に知ら
　せるものです。たいていの人は、その本を手にとるかどうかを判断する
　ときに、題名とキャッチコピーを手がかりにします」

②「そんな大事な本の題名とキャッチコピーを考えるのは、編集者の役目

です。きょうは、みなさんが編集者になったつもりで、題名とキャッチコピーを考えてみましょう」

③次に、準備した絵本の題名が見えないよう注意して、読みきかせをする。

④グループで相談しながら、本にふさわしい題名とキャッチコピーを考えて紙に書き、できたら前のボードに貼る。

⑤どの題名とキャッチコピーがいいか、みんなで手を上げて判定する。その際、自分たち以外のグループの案に手を上げることとする。

⑥いちばんいい題名やキャッチコピーが決まったら、カバーをはずす。
「本物の編集者はどんな題名にしたのでしょうか。見てみましょう。みなさんが考えたのと比べて、どうですか」

ブックリスト

　これまでに、このアニマシオンをやったことのある絵本のリストです。いずれも、題名やキャッチコピーを知らなかったせいか、とてもユニークな作品ができました。

『こぶとりたろう』（たかどの ほうこ／文，杉浦範茂／絵．童心社）

『よにもふしぎな本をたべるおとこのこのはなし』
（オリバー・ジェファーズ／作，三辺律子／訳．ヴィレッジブックス）

『ありがたいこってす』（マーゴット・ツェマック／作，わたなべ しげお／訳．童話館出版）

『いのちは見えるよ』（及川和男／文，長野ヒデ子／絵．岩崎書店）

『うさぎのみみはなぜながい』（北川民次．福音館書店）

（種村）

20文字で要約せよ！

目的

・日本の昔話や名作童話を読みなおすきっかけをつくる。

・"要約"を学習する際の導入とする。

・表現力や語彙力の向上をめざす。

対象（人数）・時間

・小学校中学年〜（何人でも。3人ほどのチーム）／20〜40分

準備するもの

・要約クイズセット（①〜⑤をまとめて袋に入れる）・・・チーム数

①絵本3冊・・・全チームに異なる本を準備する。

②要約メモ用紙（B5）3枚

③要約清書用紙（B4）1枚

④ブックリスト・・・すべての本を記載する。

⑤クイズ解答用ホワイトボードとマーカーのセット、筆記用具

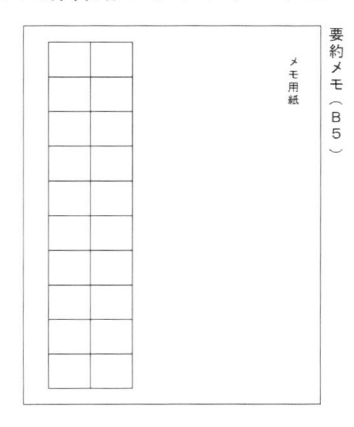

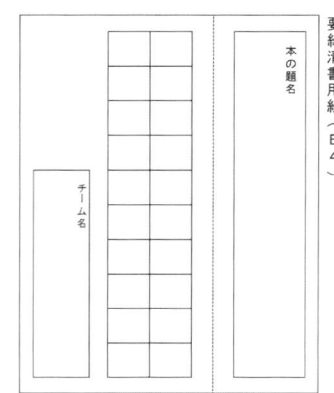

クイズ解答用ブックリスト			
『おおかみと七ひきのこやぎ』		『うらしまたろう』	
『あかずきんちゃん』		『さるかに』	
『三びきのこぶた』		『したきりすずめ』	
『はだかの王さま』		『つるのおんがえし』	
『三びきのくま』	◯	『いっすんぼうし』	◯
『ながぐつをはいたねこ』		『かぐやひめ』	
『シンデレラ』	◯	『こぶとりじいさん』	
『人魚ひめ』		『おむすびころりん』	
『しらゆきひめ』		『はなさかじいさん』	
『ヘンゼルとグレーテル』		『ブレーメンの音楽たい』	
『マッチ売りの少女』		『いなばのしろうさぎ』	

自分たちのチームの袋に入っていた絵本には, ◯をつけておく。

進め方

<要約作成編>

① " 要約 " の説明をする。

＊今回は、国語の教科書・4年生（下）（光村図書）「ウナギのなぞを追って」を参考にした。

② 1冊例を挙げて、要約の見本を提示する。

＊今回は、『ももたろう』（松居 直／文, 赤羽末吉／画. 福音館書店）を使用した。

③ 要約を作るためのルールと、注意事項の説明をする。

　ルール：20字以内でまとめる。本の題名は使わない。

　注意事項：メモ用紙は3枚あるが、1冊だけ選んで要約すればよい。

④ チーム名を決め、要約する本を選ぶ。出された意見をメモ用紙に書き出しながら、要約をまとめていく。どの本を要約するかは、他のチームには秘密にする。

⑤ 要約清書用紙を記入し、どの本か分からないように、点線で折り曲げる。

<発表・クイズ編>

⑧ チームごとに要約した内容を発表する。その他のチームは、どの物語を要約したのかリストから選び、ホワイトボードに記入して解答とする。

⑨全部のチームが正解したら、成功となる。

アドバイス
・要約の見本を提示する際に、「主語」を入れることや、「○○○をする話」
　という形式にするとまとめやすいことを説明するとよい。
・最後に、「要約」と「引用」の違いや、出版社や出版時期によっては、
　物語の詳細や結末が違う本が存在することなどを補足説明してもよい。

こんなことも
・クイズでなく、1冊の本を全チームが要約して黒板に貼りだし、投票で
　チャンピオンを決定してもおもしろい。これだと20分程度でできます。
・本の表紙を絵札に、要約文を読み札にした"かるた"を作ってもよいで
　しょう。
・各学年の課題図書や、教科書に掲載されている物語などを使うと、中高
　生など幅広い年齢層でも応用できます。

ブックリスト
『はだかの王さま』（末吉暁子／文，赤坂三好／絵）
『人魚ひめ』（末吉暁子／文，三谷博美／絵）
『しらゆきひめ』（寺村輝夫／文，永井郁子／絵）
『ブレーメンの音楽たい』（寺村輝夫／文，和歌山静子／絵）
『ながぐつをはいたねこ』（奥本大三郎／文，馬場のぼる／絵）
　　以上、世界名作おはなし絵本シリーズ（小学館）。
『三びきのこぶた』（瀬田貞二／訳，山田三郎／画．福音館書店）
『いなばのしろうさぎ』（舟崎克彦／文，赤羽末吉／絵．あかね書房）
『さるかに』（松谷みよ子／文，滝平二郎／絵．岩崎書店）
『かぐやひめ』（いもと ようこ．金の星社）

（野間）

谷川俊太郎になってみよう！

目的

・自分が詩人になったつもりで、詩の世界を楽しむ。

対象・時間

・小学校高学年〜大人（個人または 4 〜 10 人のグループ）／ 20 〜 30 分

準備するもの

①谷川俊太郎の詩「ないないづくし」を大きめの紙に書き、掲示する。

　　ただし、1 行目「まるにはひとつも　かどがない」よりあとに出てくる

　　「○○ない」は、「○○」の部分を空欄にしておく。

②掲示したものと同じ体裁でつくったプリント ・・・ グループに 1 枚

進め方

①まず、「ないないづくし」の詩を黒板に掲示した形で読む。

　　──これは谷川俊太郎の詩ですが、言葉が抜けているところがたくさん

　　あります。きょうはみなさんも、谷川俊太郎さんになったつもりで、こ

　　の○○の部分を、好きな言葉や表現で埋めてください。

②全グループが書き終わったら、順に発表してもらう。

④発表が終わったら元の詩を紹介する。

アドバイス

・詩の中に「円周率」という言葉がでてくるので、まだ学習していない場

　　合には、そこだけ元の言葉を見せた形にするとよい。

（徳留）

君は、名探偵

目的

・探偵物の本のおもしろさを味わう。

対象・時間

・小学校4年生〜大人（3〜5人のグループ）／30〜45分程度

準備するもの

① 『くろて団は名探偵』（ハンス・ユルゲン・プレス／作，大社玲子／訳. 岩波書店）

② 探偵が登場する本をたくさん

③ 挑戦状を人数（グループ）分・・・

『くろて団は名探偵』に出てくる絵をコピーしてクイズにする。封筒に入れ、表に「挑戦状」と書く。2問ぐらい準備する。（封筒は別にする）

④ 探偵の名前を書いたカード・・・

シャーロック・ホームズ、エルキュール・ポワロ、ミス・マープル、ペリー・メイスン、エラリー・クイーン、明智小五郎、三毛猫ホームズなど

進め方

① ＜導入＞　参加者に③の名前のカードを見せ、彼らに共通することは何か問いかける。

② きょうのテーマが「探偵」であることを明かし、②の本を紹介する。

③ ＜謎解きゲーム＞　参加者はグループをつくり、探偵になって「挑戦状」

に取り組む。

このとき、「みんなのところに怪盗Xから挑戦状が届いたんだけど、挑戦する？」など、ストーリー性を持たせて気分を盛り上げる。

④各グループで協力して謎を解き、答えを文章で書いてもらう。終わったら、グループごとに発表してもらう。同じ答えだった場合でも、「同じです」ではなく、自分たちの答えを発表する。

時間をみて2問ほど行う。その場合、1問目の正解は言わないでおく。

⑤最後に、「挑戦状」は『くろて団は名探偵』から出題されたことを伝え、本の紹介をする。

アドバイス

・グループで話し合いをする時は、あまり大きな声だと他のグループに聞こえてしまうことを伝えます。

・可能なら、トレンチコートや帽子で探偵の雰囲気をだしてみましょう。

・学校の授業以外で絵を使用する際は、著作権の利用申請が必要です。

ブックリスト

『くろグミ団は名探偵　カラス岩の宝石』

『くろグミ団は名探偵　石弓の呪い』

『くろグミ団は名探偵　紅サンゴの陰謀』

（以上、ユリアン・プレス／文・絵，大社玲子／訳. 岩波書店）

ひとこと

これまで何回もこの作戦を行ったことがありますが、子どもたちからの声で印象的だったのが、「本の答えもいいけれど、自分たちで考えた答えの方が素敵だと思った」という感想です。この言葉から私は、「君は、名探偵」というアニマシオンの可能性の大きさを感じました。

（久川）

ようこそ、宮沢賢治の世界へ

目的

・宮沢賢治と、彼の物語世界への導入。

・賢治作品のもつ表現の豊かさを発見する。

対象（人数）・時間

・小学校高学年〜大人(40人くらい。2〜3人のグループ）／ 40 〜 60 分

準備するもの

①宮沢賢治の童話をたくさん

②付箋（大きいもの）

③散策する賢治のシルエット ・・・ 付箋を貼るので等身大程度に拡大する。

進め方

①＜導入＞　宮沢賢治の作品を紹介し、その特徴としてオノマトペ（擬音語、擬態語）が多く使われていることにふれる。

②＜オノマトペ探し＞　グループに分かれた後、次のように説明する。

　　——準備した童話の中からグループで1冊選んで、オノマトペを探し出してください。見つけたオノマトペは、1つずつ付箋に書いてください。

　　——書いたオノマトペは、後から動きで表現してもらいます。オノマトペが使われている前後の文章からイメージして、どんな表現をすればいいか、グループ内で相談しておいてください。

④付箋を賢治のシルエットに貼っていく。

⑤グループごとに、見つけたオノマトペを発表する。作品名を言い、オノ

マトペを動きで表現してもらう。

⑥最後にアニメーターが、宮沢賢治にはほかにもたくさんの作品があることを紹介する。

アドバイス

・オノマトペがあまり出てこないものもあるので、事前に賢治作品をたくさん読み、紹介する物語を限定しておくといいです。

・時間があれば、賢治の写真や教科書に載っていないエピソードなどをいくつか拾いだして、賢治の人となりや作品とのつながりなども紹介するといいでしょう。

＜宮沢賢治の紹介例＞

①賢治の生い立ちにふれ、幼少期から青年期を通して培われた感性や、その後の生き方が土台となって、多くの作品が生まれたことを説明する。

②いくつかのエピソードと、それに関連する童話を紹介する。

例えば、石こ賢さん（賢治のあだ名）→「気のいい火山弾」、地学が好き→「グスコーブドリの伝記」、音楽好き→「セロ弾きのゴーシュ」、命を大切にする→「注文の多い料理店」、仲間を大切にする→「オッベルと象」といった具合に、ブックトーク形式で。

ブックリスト

『宮沢賢治のオノマトペ集』（栗原 敦／監修，杉田淳子／編．筑摩書房）

『イーハトーブロマン　宮沢賢治の世界』（天沢退二郎・萩原昌好／監修．くもん出版）

『宮沢賢治　花の図誌』（松田司郎・笹川弘三／著．平凡社）

『宮沢賢治の心を読む（1）（2）』（草山万兎／著．童話屋）

『おもしろくてやくにたつ子どもの伝記6　宮沢賢治』（西本鶏介／著．ポプラ社）

（小原）

富士山でアニマシオン

目的
・詩や絵本に描かれた富士山の魅力を発見する。
・日常の中で、詩集を手に取る機会をつくる。
・ことばの楽しさ、おもしろさを体験する。

対象・時間
・小学校高学年（5〜6人のグループ）／20〜40分

準備するもの
①詩集『あしたのあたしはあたらしいあたし』（石津ちひろ／詩，大橋 歩／絵．理論社）
②写真集『富士』（大山行男．毎日新聞社）
③問題用紙・・・①から、「ふじさん」の詩を抜粋し、各連最後の行を記入できるように空欄にしてプリントする。グループに1枚

進め方
①導入として、アニメーターの富士山との出合いを紹介する。または、同じタイトルでもジャンルの全く違う『富士山にのぼる』（菅原久夫．福音館書店）、『富士山にのぼる』（石川直樹．教育画劇）の2冊の絵本を紹介してもよい。
②作戦1　＜詩を作ろう＞
　5〜6人のグループに分かれて、詩「ふじさん」の各連最後の行の言葉

を考える。

③考えた言葉をグループごとに発表し、最後に石津さんの詩も紹介する。

④作戦2　＜富士山になろう＞

詩「ふじさん」の世界をグループ全員で、体を使って表現（パフォーマンス）する。グループごとに発表する。

⑤作戦3　＜名前をつけよう＞

富士山の頂上に年2、3回しか現れないという虹色の雲の写真を見せて、その雲の名前「○雲」（漢字1文字）を考える。

⑥作戦4　＜言葉あそびをしよう＞

参加者を2グループに分け、「ふじさん」の詩を、「さん」の部分と、それ以外の部分とに分けて群読する。

スムーズに読めるまで、または役を交代して、数回繰り返す。

アドバイス

時間があれば、導入から作戦4までを、じっくり一日で楽しむ。時間がなければ、読み聞かせや作戦を数日に分けて実施してもよい。

ブックリスト

『ふじさんおはよう』（福知伸夫．福音館書店）

『富士山大ばくはつ』（かこ さとし．小峰書店）

『富士山うたごよみ』（俵 万智．福音館書店）

『なぜ富士山は世界遺産になったのか』（小田全宏．ＰＨＰ研究所）

ひとこと

作戦3の答えは「彩雲（さいうん）」ですが、次のような素敵な回答がたくさん出ました。

錦雲・虹雲・鯉雲・笑雲・花雲・寿雲・光雲・宙雲、などなど。

（大瀬）

エコでござる！

目的

・身近で興味深いトイレの変遷とファッションとの関わりや、トイレ事情と伝染病など環境問題との関係を知って、エコとは何かを考える機会とする。『ぼくらは物語探偵団』の「100万人のうんこはどこへを探偵する」を参考にしたレシピ。

対象・時間

・小学校5年生以上（3～5人のグループ）／1～2時間

準備するもの

① 『ぼくらは物語探偵団』（岩辺泰吏／編著. 柏書房）より、以下の図4点をグループ数

　図1. 肥桶を運ぶ絵（『ぼくらは物語探偵団』p.136）

　図2. 畑に肥をまく絵（『ぼくらは物語探偵団』p.137）

　図3. 大小便の循環（『ぼくらは物語探偵団』p.140）

　図4. 近世ヨーロッパのトイレの絵（『ぼくらは物語探偵団』p.138）

② 1、2、3、4の番号がついた解答用紙とサインペンをグループ数

③（可能なら）ブックリストにあげた本やトイレメーカーのサイトから、1. 江戸時代の町の絵、2. 最近のトイレの写真、3. 19世紀ごろのヨーロッパのファッションが分かる写真やイラスト、4. 日本の古代からのトイレの写真やイラスト、などを準備する。

進め方

①図1を見せて、「江戸時代の絵ですが、何をしているところでしょうか」

と質問し、グループで相談して、答えは②解答用紙１に書く。

図1

②図２を見せて、「運んでいる人はだれでしょう」と質問し、答えは２に
書く。

図2

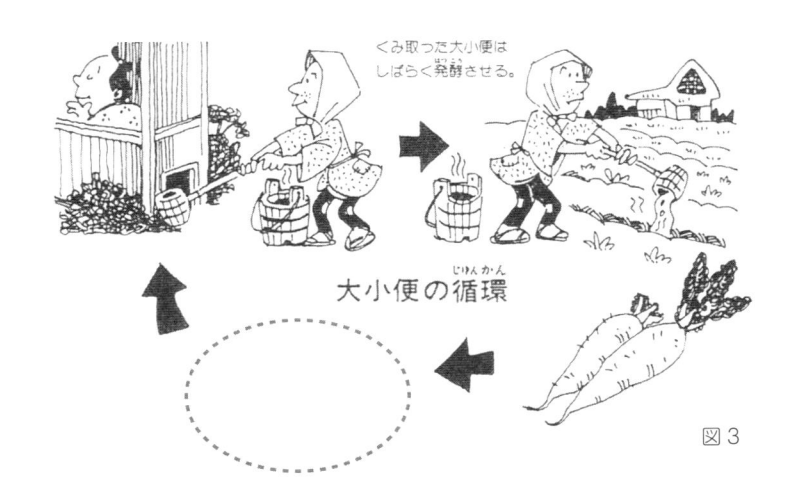

くみ取った大小便は
しばらく発酵させる。

大小便の循環

図3

③図3の絵を見せて、空欄にはどんな絵が入るか質問し、答えは3に書く。

④各グループの答えを発表してもらい、江戸は、市中で出た糞尿を周辺地域に運び、農村ではそれを肥料として野菜を作るという、環境に配慮したリサイクルがすすんでいたこと、そのため江戸では伝染病が流行することもなかったことを説明する。

⑤図4は、同じ時代のヨーロッパの絵であることを示し、何をしていると

図4

ころかを考えて、解答用紙4に書く。

⑥各グループの発表の後、当時のヨーロッパでは、よく伝染病が広まり、多くの人が亡くなったこと、マントやハイヒール、香水といったファッションの最先端が生まれたことなどを話す。

⑦可能なら、明治になって西洋のトイレが入ってきたせいで起こった問題をグループで話し合い、発表する。

<回答例>

1. 糞尿を運んでいる
2. 糞尿を運ぶ職業の人（江戸時代、実際にあった職業）
3. 野菜を食べている絵
4. 壺に入った糞尿を道路に捨てている

ブックリスト

『トイレの文化史』（ロジェ＝アンリ・ゲラン, 大矢タカヤス／訳. 筑摩書房）

『トイレのなぞ48』（日本トイレ協会／編. 草土文化）

『うんこはごちそう』（伊沢正名／写真・文. 農山漁村文化協会）

『トイレットペーパー』（坂本菜子・清水久男／監修. PHP研究所）

『うんちとおしっこの100不思議』（左巻健男／監修. 東京書籍）

『トイレのはじまり―いろいろな生活用品』（佐方郁子. ポプラ社）

『エコでござる―江戸に学ぶ』全3巻（石川英輔／監修. 鈴木出版）

『江戸に学ぶエコ生活術』（アズビー・ブラウン／著. 幾島幸子／訳. 阪急コミュニケーションズ）

『江戸城のトイレ、将軍のおまる』（小川恭一. 講談社）

『やんごとなき姫君たちのトイレ』（桐生操. 角川書店）

<参考にしたメディア情報先>

「日本トイレ研究所」「トイレナビ　一般社団法人 日本レストルーム工業会」「TOTO」ほか、トイレメーカーのホームページなど

（岡元）

3分間で解決せよ！
セイギノミカタウルトラマン

目的

・ウルトラマンの制限時間 "3 分間"
　を体感する。

対象（人数）・時間

・小学校高学年〜大人（35 〜 45 人
　が理想だが、何人でも）／ 30 分
　程度

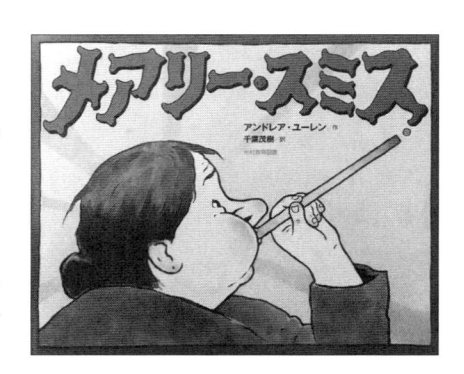

＊後半、くじなどを用いて、4 〜 6 人程度のグループを組む。

＊グループ数が多いと、発表に時間を要するので考慮する。

準備するもの

①可能であれば、会場にある時計を片付けるか、隠しておく。

②ストップウオッチ、耳栓、アイマスク ・・・2 〜 3 セット

③時間クイズ ・・・ 年齢に応じて 6 問ぐらい作り、封筒に入れてグループに
　配る。

④絵本『メアリー・スミス』（アンドレア・ユーレン／作，千葉茂樹／訳．
　光村教育図書）

⑤『ウルトラマン大図鑑』（円谷プロダクション．ポプラ社）

⑥絵本『じかんがどんどん』（ジェームズ・ダンバー／作，せな あいこ／
　訳．評論社）

＜時間クイズ＞（小学生向け）

①高い木の枝からリンゴが落ちるのにかかる時間は、約（1 秒　2 秒　3 秒）？

② （1秒　2秒　3秒）は、ちょうど、くしゃみをするぐらいの長さ。

③トビウオは、（5秒　10秒　20秒）ぐらいなら、空中にいられる。

④2分間で、だいたい（50～100　200～300　400～500）ぐらいの言葉をしゃべることができる。

⑤おふろにいっぱいの水が、空っぽになるのにかかる時間は、（1分　5分　10分）ぐらい。

など、6問ぐらい。（『じかんがどんどん』を参考に作成）

<時間クイズ> （中学生向け）

　前半は小学生向けと同じく取り組みやすい問題にして、後半は難しくする。

④15秒の間に、ハエは（100回　300回　500回）ぐらい、羽をバタバタさせられる。

⑤50秒あったら、カタツムリは（30cm　40cm　50cm）ぐらい進める。

⑥ネコは、500ml のミルクを飲むのに（1時間　12時間　18時間）かかる。

など、6問ぐらい。（『じかんがどんどん』を参考に作成）

進め方

①<導入>

　絵本『メアリー・スミス』を紹介する。時計が発明される前の話であることを説明し、きょうのキーワードが "時間" そして "3分間" であることを紹介する。

　3分間といえば、ウルトラマン。ここで、アニマシオンのテーマが「セイギノミカタウルトラマン」であることを発表する。

②<3分間を体感しよう！>

　ウルトラマンの気分になるために、3分間を体感する。代表者2～3人に前に出てもらい、やり方を説明する。

　──今から、みんなに3分間を体感してもらいたいと思います。代表の

人たちは椅子に座って、耳栓とアイマスクをします。準備ができたら、後ろから右肩をぽんとたたくので、そこから3分間をカウントしてください。3分たったと思ったら、隣の人に気づかれないよう、そっと右手を挙げてください。みんなの手が挙がったら両肩をたたきますね。

――ほかの人たちは、ただぼーっと見ているのではなく、ちゃんと自分でも3分間を数えていてくださいね。どの人が、より自分に近かったか、あとで答えてもらいます。

――もし、前の代表の人が、3分の倍の6分を過ぎても手を挙げなかったら、その場合も両肩をぽんっとしますね。

③＜時間クイズ＞

ここでグループに分かれ、クイズの封筒を配る。

『ウルトラマン大図鑑』の中から、ウルトラ兄弟の説明を行う。

――ここから、グループのみんなはウルトラ兄弟になります。力を合わせて3分間で時間クイズに取り組んでください。普段のテストとは違って、「もう何分たったよ」とか「あと何分だよ」という声はかけないので、時間を考えながら、3分間しっかり取り組んでね。

④3分後、正解を発表し、絵本『じかんがどんどん』を紹介する。

アドバイス

・3分間の紹介をするときに、カップラーメンや歯ブラシセット、3分間の砂時計などをみせると、子どもたちの関心を引くことができます。

・時間クイズで時間を計るときに、ウルトラマンのようにタイマーを使用すると気分が高まります。

・すべてのプログラムを1回で行うのではなく、細かく分けて取り組むこともできます。

（徳留）

「いいとわるい」を哲学せよ

目的

・「いいとわるい」の考え方から、普段なじみの
　ない"哲学"にふれる

対象・時間

・小学校高学年〜大人（4〜6人のグループ）
　／30分程度

準備するもの

①『哲学のおやつ　いいとわるい』

　（ブリジット・ラベ，ミシェル・ピュエシュ／著，西川葉澄／訳．汐文社）

②透明人間になった3人の言葉を書き出したもの（ボードに貼る）

③「いい」と「わるい」のカード（グループごとに異なる色にする）

④判断の理由を書く紙（グループに1枚）

進め方

①＜導入＞

　——ある学校に、魔法が使えて、クラスの子どもたちを順番に透明人間
　にできる先生がいます。もちろん、この先生は大人気。でも、先生のク
　ラスになれなかった子は、とても悔しがるんだって。

　——きょうは、透明人間になった3人がどんなふうに過ごしたのか、み
　んなに紹介します。

　この後、3人がどのように過ごしたかを、ボードに貼りながら紹介する。

<＜３人の言葉＞>

Ａくん：映画を２回タダで見たんだ。そのあと、パン屋さんでお菓子をとって
　　　　食べちゃった。それから、銀行の金庫に行くか、お姉ちゃんの部屋に行っ
　　　　てスパイみたいに見張るか迷ったけど、やっぱりパパの後をつけて会
　　　　社に行ったの。

Ｂくん：俺がなにをしたかは、いいたくないね。

Ｃくん：兄ちゃんがカノジョから夏の間にもらった手紙を全部読んで、ゲラゲ
　　　　ラ笑ったよ。それからアンリのうちでテレビゲーム。あいつがぜんぜ
　　　　ん貸してくれなかったゲームをやったんだよね。とちゅうでサッカー
　　　　選手のカードを何枚かパクって、あとは・・・これ以上はほんとうにい
　　　　えないよ。

②＜いいとわるいを考える＞

　　——では、３人がやったことを"いいとわるい"に分けてもらいます。

③グループで話し合って、３人の行動の一つ一つに、「いい」と「わるい」
　のカードを貼っていく。

④最後に、「お父さんのあとをつけて会社に行った」についてグループで
　話し合い、"いい"と"わるい"いずれかを選んで、その理由を書く。

⑤グループごとに発表し、『哲学のおやつ　いいとわるい』を紹介する。

ブックリスト

　「哲学のおやつ」シリーズは、ほかに『うつくしいとみにくい』『成功と
失敗』がある。

ひとこと

　フランスでは、小学生がおやつを食べながら、さまざまなテーマについ
て自由に話し合う機会があり、「おやつ−哲学」と称しています。子ども
が自分の考えを表現し、他人の考えに耳を傾ける力を身につける場になっ
ています。

（徳留）

国語辞典で遊ぼう

　国語辞典を選ぶとき、どうしていますか？　新学期、書店の店頭には、さまざまな国語辞典が並びますが、自分用の1冊を選ぶのはなかなか難しいものです。学校でも、いろんな国語辞典を比べてみる機会はあまりありません。わからない言葉はスマホで調べるから、国語辞典なんて必要ないという人もいると思いますが、たまには紙の国語辞典で遊んでみましょう。

目的

・「辞典にも個性がある」と主張し、国語辞典をキャラクター化した『国語辞典の遊び方』を参考に、アナログの国語辞典の多彩さ、おもしろさを発見する。

・国語辞典の編集者になったつもりで、語の解釈をやってみる。

対象・時間

・中学生・高校生〜大人（3〜5名のグループ）／40分程度

準備するもの

① 『国語辞典の遊び方』（サンキュータツオ．角川学芸出版，2013）

② 『国語辞典の選び方』に取り上げられた辞典をできるだけたくさん。とくに『新明解国語辞典』は、可能な限りいろんな版を準備する。

③ 準備した国語辞典から「恋愛」の項目を調べ、語釈を拡大コピーする。

④ 可能なら、辞典編集の現場が舞台になった『舟を編む』（三浦しをん．光文社，2011）もあれば、なおいい。

⑤ 語釈を書くための用紙、グループに1枚

進め方

① 参加者を3〜5名のグループに分け、準備した辞典を配る。

② 「みなさんは、三浦しをんさんの『舟を編む』を読んだことがありますか？」と質問。何名か手があがったところで、「では、あのなかで編集した国語辞典の名前はわかりますか？」と続ける。

　　——答えは、『大渡海』でした。辞典とは、言葉の海を漕ぎ渡る舟である、との意味がこめられています。

③ ——きょうは、その国語辞典を200冊もコレクションして、国語辞典の楽しみ方、選び方、つきあい方を教えてくれている、学者芸人サンキュータツオさんの『国語辞典の遊び方』を紹介します。この本では、さまざまな国語辞典をキャラクター化しています。

　　——たとえば、お堅い岩波国語辞典は、「都会派インテリメガネ君」、独特の語釈で知られる新明解国語辞典は、「マイノリティの味方！ワイルドな秀才」とあります。

　　そして、キャラクターのイラストを書画カメラなどで見せる。

④ ——では、そのキャラクターがふさわしいかどうか調べるために、グループで協力し「美しい」の項目を調べて発表してください。

⑤ ——次に、各辞典から「恋愛」の項目を調べたものがあります。グループで調べて、どの辞典のものかをあててください。『新明解国語辞典』は、

版によって語釈が大きく異なります。

⑥── 2016 年の新語・流行語大賞になった言葉「神ってる」「聖地巡礼」「トランプ現象」「PPAP」「アモーレ」「ポケモン GO」のうち、どれか一つをグループで選び、辞典編集者になったつもりで語の解釈を考えてください。それを用紙に書いて、発表してください。

アドバイス

・最後の、語釈を考える時間、発表の時間をメインにしたいので、それまでの説明は短めに切り上げるよう、時間配分を考えます。
・学校の授業時間以外で実施するときは、著作権の二次使用に気をつけます。キャラクターのコピーをする場合は、申請が必要です。
・学校図書館には同じ国語辞典を複数冊揃えることが多いですが、多様性を知るためには、できるだけ多種類の辞典を揃える方がいいのではないでしょうか。
・新語・流行語大賞は、最新のものを使ってください。

こんなことも

・使用する国語辞典を小学生用にすれば、小学校でもできます。語釈をつくる場合も、「海」「風」「赤」「あまい」「好き」「ゆめ」など、小学生が興味をもちそうな言葉を選ぶといいでしょう。
・逆に、語釈の方をカードにして、どんな語の語釈なのかを当てる形式にすることもできます。

ブックリスト

『国語辞典の遊び方』(サンキュータツオ．角川文庫，2016)
『舟を編む』(三浦しをん．光文社文庫，2015)

(種村)

中・高生向け

サッカーと人種差別

目的

・サッカーがその歴史の中で人種差別と闘っていることを知る。

・実物や写真から想像して、サッカーにおける差別の問題を理解する。

対象（人数）・時間

・中学生〜大人（何人でも。4〜5人のグループをつくる）／ 50 分程度

準備するもの

①バナナ 1 本

②サッカーに関する DVD や写真（どんなものでもよい）

③人種差別反対を訴えるユニフォームの写真 A

④女子サッカー日本代表の W 杯（2014）での写真 B・C

⑤「JAPANESE ONLY」と書かれた横断幕の写真 D

＊③④⑤は、インターネットなどで検索すると出てくる。

⑥画用紙とマジック

進め方

①参加者は 4〜5 人程度のグループを組んで座る。

②きょうはサッカーのアニマシオンをするということを話し、サッカーに
　関する写真や DVD を短く見せる。

③＜バナナの話＞
　「ここに 1 本のバナナがあります。このバナナとサッカーはどんな関係
　があるでしょうか。グループで相談しましょう」と問いかける。

④グループで話し合ったことを発表する。

「試合の前に栄養補給で食べる」「ハーフタイムに食べる」「常に携帯して練習や試合の合間に食べる」などの意見が出る。

⑤——それも考えられますが、まだほかにも関係あることがあります。それはなんでしょうか。

⑥——答えは"人種差別"です。サッカーではバナナが、人種差別を象徴するものとして扱われているということです。どういう意味だと思いますか。

　——それは、バナナ＝猿の食べ物、猿＝黒人という図式です。ヨーロッパでは黒人選手を差別するために、バナナをグランドに投げ入れたり、バナナをわざと見せたりする、差別主義者の観客がいるのです。

⑦＜ユニフォームの色の話＞
　——ではこのユニフォーム（写真A）は、何を意味しているのでしょうか。グループで想像してみましょう。

⑧グループで話し合ったことを発表する。

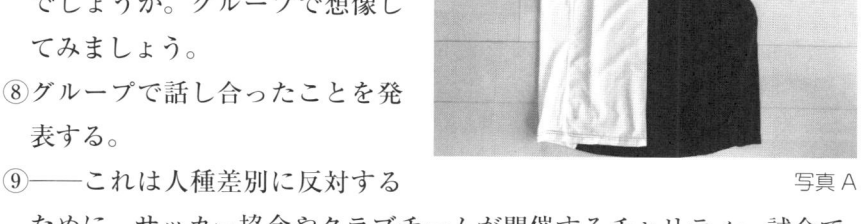

写真A

⑨——これは人種差別に反対するために、サッカー協会やクラブチームが開催するチャリティー試合で、出場する選手が着るユニフォームです。

⑩＜ Say no to racism　人種差別にNOを！＞
　——次はある言葉について話します。

サッカーは4年に一度、ワールドカップが開かれます。日本女子チームは、2014年の大会で見事優勝しました。この時の準々決勝で、澤穂希（ほまれ）主将は相手チーム・スウェーデンの主将とと

写真B

もに、ある言葉を言いました。どんなことを言ったのでしょうか。

ヒントは写真Bの隠してある部分の横断幕に書かれている言葉です。グループで相談しましょう。

⑪グループで話し合ったことを発表する。

「お互いフェアプレーをしていい試合をやりましょう」「私たちはこれまで厳しい練習をしてきました。きょうはいい試合内容で勝利したい」などの意見が予想される。

⑫——澤選手が述べたのはこんな言葉です。（写真Cを見せる）

写真C

日本代表チームは、人種、性別、種族的出身、宗教、性的指向、もしくはその他のいかなる理由による差別も認めないことを宣言します。

私たちはサッカーの力を使ってスポーツから、そして社会の他の人々から、人種差別や女性への差別を撲滅することができます。

この目標に向かって突き進むことを誓い、そしてみなさまも私たちと共に、差別と闘ってくださるようお願いいたします。

⑬< Japanese Only　日本人以外お断り>

最後に、「日本でも、この写真のような人種差別を促す横断幕が張られ、大きな問題となりました。サッカーと人種差別は相入れないのです」と話し、写真Dを見せる。

ブックリスト

『サッカーと人種差別』（陣野俊史．文春新書）

（笠井）

チョコレートから見えるもの

目的

・おいしく食べているチョコレートから世界を見ていく。

・絵本やビデオを観て、世界の子どもたちの姿を想像する。

対象（人数）・時間

・中学生〜大人（何人でも。4〜5人のグループ）／50分程度

準備するもの

①チョコレートクイズ ・・・ グループの数

②カカオの写真か実物

③DVD『フジテレビ　世界がもし100人の村だったら（ディレクターズ　エディション）』（ポニーキャニオン）

④『そのこ』（谷川俊太郎／詩，塚本やすし／絵．晶文社）

⑤（手に入るなら）粉末カカオと、砂糖と紙コップ

⑥フェアトレードチョコレートの実物

⑦画用紙とマジック

＜チョコレートクイズ＞

①チョコレートの原料は何か？

　　　大豆　　　カカオ　　　ピーナッツ

②この原料は、食べ物以外に使われたものがある。それは何か？

　　　お守り　　　貨幣　　　遊び道具

③この原料は、学名を「テオブロマ」というが、それはどんな意味か？

　　　高貴な食べ物　　　薬としての食べ物　　　神様の食べ物

④この原料を、奴隷を使って大量に栽培させたのは、どこの国か？

　　　アメリカ　　　スペイン　　　イギリス

⑤チョコレートは、最初はどのようにして体に取り入れたか？

　　　ガムとして　　　タバコのように吹かして　　　飲み物として

⑥この原料は、「ある物」と結びついてチョコレートとなるが、それは何か？

　　　牛乳　　　お酒　　　砂糖

⑦当時、このチョコレート（飲み物）をヨーロッパで愛用したのはどんな人々か？

　　　スポーツマン　　　牧師　　　王と貴族

⑧現在のような固形のチョコレートができたのは 19 世紀だが、固形化に成功
　　したのはどこの国か？

　　　スペイン　　　フランス　　　イギリス　　　日本

⑨ 1876 年、スイスではこの固形チョコレートにある物を入れることで独特の
　　チョコレートを作り出した。何を入れたか？

　　　ジャム　　　牛乳　　　お酒

⑩日本のチョコレートの原料は、どこの国から来ているか？

　　　ガーナ　　　コートジボアール　　　ブラジル　　　インドネシア

進め方

①参加者は 4 〜 5 人のグループに分かれて座る。

②チョコレートクイズを参加者に配り、解いていく。

③クイズ①のカカオが出てきたところで、カカオの実物や画像を見せる。

④⑤番の「カカオを飲み物として口にしていた」というところで、何人か
に粉末カカオを湯に溶き、飲んでもらう。「苦い」という感想が出る。

⑤今度は、砂糖を加えたものを飲んでもらう。「おいしくなった」という
感想が出る。

⑥⑩番のガーナが出てきたところで、DVD『世界がもし100人の村だっ
たら』のガーナの部分を見せる。

⑦続けて、『そのこ』を読む。

⑧『そのこ』の最後、「そのこのみらいのためになにができるか」「だれか
ぼくにおしえてほしい」を繰り返す。

⑨「そのこのみらいのためになにができるか」をチームで話し合い、話し
合ったことを画用紙に書き、グループごとに発表する。
発表は2名以上で、わかりやすく説明することを心がける。

⑩これもひとつの方法だということで、フェアトレードチョコレートを紹
介する。

ひとこと

バレンタインデーのころに、ぜひやってほしいアニマシオンです。

ブックリスト

『チョコレートの真実』（キャロル・オフ／著，北村陽子／訳．英治出版）

『チョコレートの世界史』（武田尚子．中央公論新社）

『砂糖の世界史』（川北 稔．岩波書店）

『カカオとチョコレートのサイエンス・ロマン』（佐藤清隆・古谷野哲夫．
幸書房）

『チョコレートの博物誌』（加藤由基雄・八杉佳穂．小学館）

＜参考にしたメディア情報先＞

「日本チョコレート・ココア協会」ホームページ

（笠井）

手紙に想いを込めて

目的

・登場人物になりきって、物語の一部を体感する。

対象・時間

・中学生（グループに分かれる）／50分程度

準備するもの

①『僕たちの旅の話をしよう』（小路幸也．メディアファクトリー）

②①に出てくる手紙を抜粋してプリントし、赤い風船に括り付ける。

進め方

①「こんなものが届きました」と風船を見せ、手紙を読み上げる。

②差出人の情報をアニメーターが整理して、ボードに張り出しておく。

③グループで協力して、この手紙への返事を書く。

④全グループが返事を書き終わったら、グループの代表が読み上げる。

⑤自分だったら、どの返事が一番うれしいかを決める。

⑥赤い風船の手紙が出てくる『僕たちの旅の話をしよう』を紹介する。
　手紙がキーワードになっている本のブックトークまで行う。

ブックリスト

『はるかなるアフガニスタン』（アンドリュー・クレメンツ, 田中奈津子／訳）

『未来への手紙』（『未来の自分に、手紙を書こう。』プロジェクト／編）

『書けて安心、もらって嬉しい手紙』（現代言語セミナー．以上、講談社）

『ゼツメツ少年』（重松 清．新潮社）　　　　　　　　　　　　　（加治屋）

Yahoo! ニュースをつくってみよう
メディアリテラシーのアニマシオン

　2017年夏に開催した「子どもの本かごしま」主催のアニマシオンセミナーで、笠井英彦さんによる「Yahoo! ニュースのアニマシオン」がおこなわれました。たいへん印象深かったので、これを少しアレンジして、高校生に実施してみました。

目的
・Yahoo! で配信されているニュースの構造を知ることで、情報には人の操作が入っていることに気づく。

対象・時間
・中学生〜高校生（4〜5人のグループ）／50分

準備するもの
① Yahoo! ニュースの記事16件分の文章（見出しは除く）・・・人数分
＊1分野から2件ずつ抽出する。長文だと読み切れない可能性があるので、できるだけ生徒が興味を持ちそうなもので、短い記事を選ぶ。
＊長文のものしかない場合は、見出しを確認しながら部分的に削除を行う。
②（可能なら）①を取り込んだ時のトップ画面見出し一覧・・・人数分
③ Yahoo! トップ画面が見られる環境（なければプリントしておく）
④ルールを書いた紙（黒板に書いてもよい）
⑤記入用紙・・・グループに1枚
⑥マッキーペン・・・グループに1本

進め方

①グループに分けて、③ Yahoo! のトップ画面を見せる。

②ニュースについて軽い問いかけをしながら、Yahoo! ニュースの話をする。

・ニュースを見るとき何をみますか？

・ネットニュースで一番アクセスが多いのはどこでしょう？

　→ 1 日に 20 億アクセスある Yahoo!

・ニュースは、新聞社やテレビ局などたくさんのメディアからリアルタイムで、Yahoo! に送られてきます。

・1 日に約 4000 件送られてくるニュース記事を、Yahoo! の職員が 100 件に絞り、見出しをつくってネットにアップしています。

・一つの記事の見出しをつくる時間は、10 分程度です。

③——Yahoo! のトップ画面を見て何か気づくことはありませんか。

　→トップ画面に載っているのは 8 つ（スマホ版は 6 つ）

　→ 13.5 文字の言葉で見出しをつくっている。（英数字、カタカナは 1 文字を 0.5 で換算）

④①ニュース記事のプリントと、記入用紙、ペンを配布する。

　——今回は、みなさんに Yahoo! の記者になってもらいます。きょうはスマホ版を想定して、配布した 16 件の記事の中から、トップにのぼる 6 件を相談して選んでください。

　——次に、トップ記事に選んだ 6 件の見出しをつくりましょう。そして、どういう理由でその記事を選んだかを、一番下に書いてください。

　——情報は鮮度が命です、30 分以内に終わらせてください。

　記事のルール（13.5 文字以内。数字とアルファベットは 1 文字 0.5 で換算）を確認して、スタートする。

⑤各グループの進み具合を確認しながら、定期的に時間の伝達を行う。

⑥提出された用紙は黒板に貼っていく。全部が出そろったところで、グループの代表者がそれぞれ発表する。

「私たちは○○ニュースです。（記事の見出しを読んでいく）これを選んだ理由は・・・」

⑦（可能なら）「では、Yahoo! の職員が書いた見出しを見てみましょう」と言って、②ニュース記事を取り込んだ時の見出し一覧を配布する。

アドバイス

・ルールや進行内容は、ある程度黒板に提示してあるとわかりやすいです。

・30 分以内という時間を強調し、また途中で残り時間を伝えることで緊張感が生まれ、メリハリがつきます。

・アニメーターは、どのような文章でも（was、なう等）、ルールにあっていれば OK だという広い心を持つことが肝心です。

参考にしたメディア情報

news HACK：1 日 4000 本の記事と向き合う「Yahoo! ニュース トピックス編集部」のすべて

https://news.yahoo.co.jp/newshack/newshack/how_to_yahoonews.html（2018.2.27）

（濱崎）

中・高生向け

わたしはだれでしょう？
農業高校オリエンテーション編

目的

・専門学科に関連する分野の本と出会う。

・新たな仲間と打ち解ける。

対象（人数）・時間

・高校1年生〜（何人でも。3〜4人のグループ）／4問で20〜30分程度

準備するもの

①紹介する本（学科に関連するもの）

②ヒントに使う物（提示カードまたは実物）

③記入用紙・・・グループの数

進め方

①3〜4人のグループをつくり、それぞれグループ名を決める。

②記入用紙を配り、流れや約束事を伝える。

・問題を4つ出します。

・それぞれに3つのヒントをあげますので、『わたし』を当ててください。

・グループで推理して、答えを用紙に書きましょう。

・答えを書くチャンスは、1問につき3回です。それぞれのヒントが出されたときに書けます。

・正解すると、ポイントが獲得できます。第1ヒントで正解したら3点、第2ヒントでは2点、第3ヒントでは1点です。

③アニメーターは、1問につき3つのヒントを順番に提示し、正解発表とともに、ヒントが掲載されている本と配架場所を紹介する。

④グループ内でポイントを集計し、仲間とともに結果を楽しむ。

⑤紹介した本を振り返り、高校の図書館には専門分野の本がたくさんある

　ことを伝えて終わる。

＜1問目＞　『わたし』は食べ物です。　（正解：さつまいも）

・第1ヒント…色　『わたし』には、白色、黄色、橙色、紫色のものがあります。さて、わたしはだれでしょう。

・第2ヒント…栄養等　『わたし』は、食物繊維やビタミンC、カルシウムが豊富です。さて、わたしはだれでしょう。

・第3ヒント…種類　『わたし』には、高系や山川紫、ベニアズマ、ベニハヤト…などの種類があります。さて、わたしはだれでしょう。

＜紹介図書（農作物関連）＞

『野菜園芸大百科12　サツマイモ・ジャガイモ』（農山漁村文化協会）

『育てよう！食べよう！野菜づくり3　いも』（小菅知三／監修，こどもくらぶ／編著．ポプラ社）

『サツマイモの絵本』（たけだ ひでゆき／編，にしな さちこ／絵．農文協）

＜2問目＞　『わたし』は何でしょう。　（正解：タイヤ）

・第1ヒント…形「トレッドパターン」（イラスト）

・第2ヒント…先祖「シュメール人の車輪」（イラスト）

・第3ヒント…素材「尾びれをなくしたイルカの人工尾びれ」（写真）

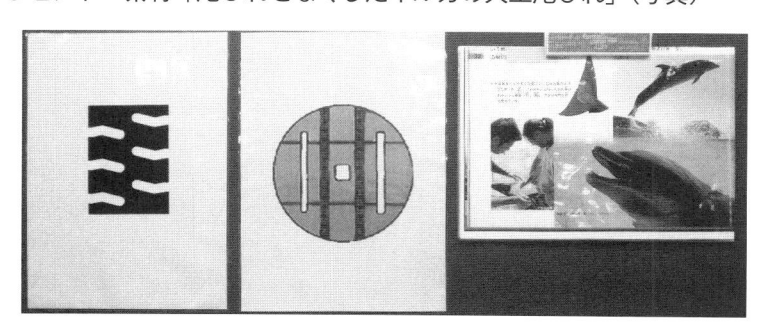

＜紹介図書（自動車関連）・ホームページ＞

『徹底図解　自動車のしくみ』（新星出版社編集部／編．新星出版社）

『見学！日本の大企業　ブリヂストン』（こどもくらぶ／編．ほるぷ出版）

「一般社団法人　日本自動車タイヤ協会」ホームページより、「タイヤ五千
　年の歴史」　http://www.jatma.or.jp/tyre5000/

＜３問目＞　『わたし』は動物です。　（正解：猫）

・第１ヒント…味覚・視覚「甘みを感じない／近視だけど動きに敏感…」

・第２ヒント…名前の由来・古名「如虎／鶏子／睡獣／寝子待／鼠子待」
　（諸説あり。鳴き声の説が有力と書かれている本が多いことを前置く）

・第３ヒント…ことわざ・慣用句「○○ばば／○○の額／○○舌」

＜紹介図書（畜産動物・伴侶動物など）＞

『動物の見ている世界』（ギヨーム・デュプラ／著，渡辺滋人／訳．創元社）

『ネコのサインを見逃すな』（鈴木立雄／監修, 斎藤昭男／著．アドスリー）

『猫を科学する』（紺野 耕／監修．養賢堂）など

＜４問目＞　『わたし』は樹木です。　（正解：クヌギ）

・第１ヒント…採集した葉（実物）　・第２ヒント…活用方法等

・第３ヒント…漢字・由来

＜紹介図書（樹木・林業関連）＞

『キノコ栽培』（改定新版．大森清寿・庄司 当／編．農山漁村文化協会）

『葉っぱで覚える樹木』（濱野周泰／監修．柏書房）など

アドバイス

・問題の数や難易度によって、対象や設定時間を変えることができます。

・関心や驚きを「へえ！ポイント」として、点数で表してもいいです。

・ヒントに出すものは、複数の資料で調べておきましょう。

（木村）

桜島でアニマシオン

目的

・20 世紀最大の火山噴火を経験した桜島の、現在の様子を考える。

・桜島の新たな魅力を見いだし、郷土への興味を引き出す。

対象・時間

・小学校高学年～大人／ 60 ～ 90 分

＊桜島を見たことがなくても大丈夫。

準備するもの

① 『みんなの桜島』（NPO 法人桜島ミュージアム／編著．南方新社）

② 『桜島！まるごと絵本』（NPO 法人桜島ミュージアム・さめしま ことえ．
　 燦燦舎）

③ 桜島を紹介した文学作品（俳句、短歌、小説の一節など）

④ 「桜島クイズ」を人数分

⑤ 桜島を紹介する資料（映像・写真・パワーポイント）

⑥ 桜島あいうえお作文を書くための、画用紙と筆記用具

進め方

①桜島をテーマにした文学作品を紹介する。

・「赤と青の濃淡に染められた桜島は、天上の美しさであった」(『桜島・日の果て』梅崎春生．新潮社)

・「花のいのちはみじかくて苦しきことのみ多かりき」(『放浪記』林芙美子．新潮社)・・・著者は幼少期を桜島で過ごす。

・「黒い桜島折れた銃床海を走り」(金子兜太)

・「我が前に桜島あり西郷も大久保も見し火を吹く山ぞ」(海音寺潮五郎)

・「我が胸の燃ゆる思ひにくらぶれば煙はうすし桜島山」(平野国臣)など。

②桜島クイズをして、答え合わせをしながら桜島の紹介をする。

③桜島あいうえお作文を作り、発表する。

<桜島クイズ>

①桜島はどれ？ ・・・ 桜島を含む4枚の写真の中から選ぶ。

②2013年、桜島と錦江湾が認定されたのは、「○○パーク」。○○に入る言葉は何？

③日本にある活火山の数は110個ですが、そのうち鹿児島にある活火山はいくつ？

④ 2014年は、大正大噴火から100年たった記念の年でしたが、大正大噴火の際に上がった噴煙は、どこまでとんでいった？

    ア．房総半島（千葉）   イ．津軽半島（青森）

    ウ．知床半島（北海道）   エ．カムチャッカ半島（ロシア）

⑤大正大噴火の時に出た火山灰は、25mプール（25m×13m）の約何杯分？

    ア．約15万杯分   イ．約150万杯分

    ウ．約1500万杯分   エ．約1.5億杯分

⑥鹿児島に住む人々は、桜島が噴火するたびに大量の火山灰に悩まされます。鹿児島市では、その火山灰を集めて入れる専用のゴミ袋を市民に提供していますが、さて、「火山灰に負けないぞ」という意味でつけられたこの袋の名称は？

    ○灰袋（漢字1字）

⑦鹿児島～桜島間を24時間運行している桜島フェリーの名物グルメといえば？

ア．小ミカンジュース　　　イ．あったかうどん

　　　ウ．びわワイン　　　　　　エ．でこん（大根）おでん

⑧桜島では 10 年前、歌手の長渕剛さんのオールナイトコンサートがありまし

　　た。その時の観客は何人？（当時の桜島の人口は約 6,000 人です）

　　　　ア．75,000 人　　イ．85,000 人　　ウ．95,000 人　　エ．105,000 人

⑨桜島は世界一大きい大根「桜島大根」で有名です。ギネス記録にも登録され

　　ている世界最大の桜島大根の胴回りは何㎝？（ちなみに重さは 31.3kg です）

　　　　ア．99㎝　　イ．109㎝　　　ウ．119㎝　　　エ．129㎝

⑩桜島でできる体験活動で、実際にはできないものは？

　　　ア．自分で作った溶岩釜でピザ作りツアー

　　　イ．日本の遊歩百選「溶岩なぎさ遊歩道」文学碑見学ツアー

　　　ウ．シーカヤックで「たぎり」体験、海中温泉に飛び込めツアー

　　　エ．自然の威力に驚愕、昭和火口探検ツアー

　　　オ．自分だけの天然温泉、自分で掘ってゆったり足湯体験ツアー

ブックリスト

『桜島〜生きている大地〜』（宮武健仁．パイ インターナショナル）

『写真集　活火山 桜島』（西井上剛資．南方新社）

『復刻　桜島噴火記』（柳川喜郎．南方新社）

『桜島大噴火記念碑―先人が伝えたかったこと―』（岩松暉・橋村健一．

　徳田屋書店）

こんなことも

　この作戦と同じように、いろいろな郷土の名所の文学作品や映像資料、

クイズなどを使って、郷土を見直すレシピが構成できます。青森では「岩

木山あいうえお作文」をやってみましたよ。

　あいうえお作文は、観光案内のコピーとして活用できるかもしれません。

（田島）

椋鳩十でアニマシオン

その１　スケッチされたのはだれだ？

目的

　長野県出身の椋鳩十さんは大学卒業後、鹿児島で作家活動の傍ら、教師や鹿児島県立図書館長、短期大学の教授として活躍しました。動物を主人公にした作品が多く、日本のシートンと呼ばれています。なかでも、霧島山系の栗野岳麓の沼を舞台にした『大造じいさんとガン』は、長年多くの小学校国語教科書に掲載されてきました。これは、椋鳩十さんの人と作品に親しむためのアニマシオンです。

対象・時間

・小学校高学年～大人（5～6人のグループ）／30分程度

準備するもの

①『椋鳩十全集　全26巻』（ポプラ社）・・・前に並べておく。

②日本の白地図 ··· 物語の舞台になっている県に色を塗っておく。

③『椋鳩十全集6　底なし谷のカモシカ』にある短編「動物のスケッチ」から、16種類の動物のスケッチ文のうち5つを選び、動物名を抜いてプリントする ··· グループに1枚

＊学校の授業以外でやるときは、著作権利用申請をする。

④（手に入れば）椋鳩十の写真、詩の色紙など

進め方

①アニメーターは、椋鳩十の写真や色紙を見せて、椋さんの紹介をする。白地図では、物語の舞台が全国（長野県、広島県、愛媛県、高知県、大分県、宮崎県、長崎県、鹿児島県）に広がっていることを示す。

②動物スケッチについて説明する。

——各グループに配られているプリントに、5種類の動物がスケッチされています。みんなで話し合って、この動物が何なのかを推理してみてください。

③全グループの解答を発表してもらった後、答えあわせをする。

④『底なし谷のカモシカ』ほか、椋鳩十全集を紹介する。

アドバイス

・白地図は、インターネットで著作権フリーのものを探して使います。

・色紙は、鹿児島県姶良市にある椋鳩十文学記念館で入手できます。

・時間があれば、椋鳩十になったつもりで、「犬」や「ねこ」のスケッチを、文章やイラストで描写してみてもいいでしょう。

（前原）

その2　椋鳩十マス埋めクイズ

【問題】1〜10の物語の題名の文字を塗りつぶすと、何が浮かび上がるでしょうか?

1. 残雪の目には、人間もハヤブサもありませんでした。ただ救わねばならぬなかまのすがたがあるだけでした。

2. 平助じいさんの犬は、まったくすばらしい薩摩犬でごわす。イノシシ狩りでは「薩摩一の狩り犬だ。」とひょうばんでごわす。

3. 「あの子グマをひとつ、生けどってみたいものだ。」わたしが遠山川にイワナつりに出かけた時、宿屋に一ぴきの子グマが飼ってありました。あんまりそのようすがかわいらしいので、わたしも子グマを飼ってみたいと思っていたのです。

4. カヤは、汽笛の音でも大騒動するよわむしな犬だと思っていました。

5. わたしは、安じいさんとクマ狩りに行きました。そこで、クマにふいにおそわれたのです。安じいさんのきずは、たいしたことではありませんが、黒はクマのつめで、むねからはらへかけて肉をひきさかれ、雪の上にぐったりとのびていました。

6. ぼくは、はげしい雨風でなかまと霧がほらの、ほらあなへ行き、シカの群れとあらしが過ぎるのを待ちました。

7. わたしは、キチ公というリスを飼っていました。ある朝、あのぶちネコが、どこからか、さっと風のようにあらわれ、あっという間にキチ公をくわえていってしまったのです。

8. 狂犬にかまれると、ネコでも犬でも、おなじように恐水病にかかるのです。ペル公は、この病気にかかって、かみつきたくって、かみつきたくって、たまらなかったにそういありません。

9. ある朝、けたたましいスズメの声に、わたしは目がさめました。ただごとではないさけびです。いつぞや卵のんでしまったあのわるいヘビが、また、戸ぶくろの上に鎌首をもたげているのです。

10. キジが母鶏のように、山バトに餌をふくませていたのでした。二羽の鳥は、こうして日ごとに親しみの度をくわえてゆくように思われました。

（橋本）

椋鳩十マス埋めクイズ

始	田	こ	ワ	鳥	底	い	将	ず	て	ぶ	徳	岳	帰	わ	め	絵	や	種	乃	く	エ	箱
敏	語	元	コ	グ	じ	足	山	た	カ	金	く	海	せ	の	守	色	佳	ね	そ	代	古	あ
八	月	コ	グ	屋	文	王	動	え	里	金	池	男	千	郎	あ	ぐ	ひ	子	キ	ち	よ	啓
旅	の	グ	じ	白	犬	と	悪	大	女	孤	と	片	け	ゾ	も	る	裕	父	の	三	佐	本
そ	じ	が	ロ	ト	赤	ネ	の	片	み	た	ぶ	た	ひ	フ	ネ	友	和	片	マ	ネ	耳	×
コ	車	う	輪	森	も	ゆ	ジ	き	ら	者	地	ら	つ	り	物	け	典	さ	が	ん	狼	正
み	村	シ	ン	木	回	木	強	母	大	神	ろ	鹿	瞳	ノ	バ	主	留	橋	街	ん	嵐	園
巣	ほ	さ	ス	母	美	ぱ	人	ス	強	に	ル	イ	大	ン	神	羽	に	辞	め	根	ぺ	を
そ	オ	ズ	熊	前	谷	が	ガ	前	る	瀬	な	せ	と	い	消	れ	ぬ	み	川	合	原	終

物語の題名

片耳の大シカ　動物のスケッチ　大造じいさんとガン　嵐をこえて　山の大将　キジと山バト
屋根うらのネコ　黒ものがたり　まことの強さ　栗野岳の主　カイツブリばんざい　ツル帰る　金色の川
古巣　熊野犬　母グマ子グマ　山の太郎グマ　消えたキツネ　子ジカのホシ　タロウ　孤島の野犬
底なし谷のカモシカ　月の輪グマ　黒いギャング　森の王者　片足の母ススメ　太郎とクロ
ネコものがたり　ゾウの旅　犬太郎物語　カラスものがたり　町をよこぎるリス

その３　椋鳩十で鹿児島の旅に出よう！

目的
・鹿児島を舞台にした椋鳩十作品に親しむ。

対象・時間
・小学校高学年〜大人（３〜５人のグループ）／30分程度

準備するもの
①鹿児島を舞台にした椋作品７冊
　　例：『マヤの一生』『大造じいさんとガン』『ほうまんの池のカッパ』
　　『ハブとたたかう島』『海上アルプス』『カガミジシ』『孤島の野犬』
②取り上げた作品の題名を書いたカード
＊①②は前に並べる。
③鹿児島県の白地図 ・・・ 作品の舞台となった地を示し、番号をふる。
　　1.湧水町（栗野）、2.志布志市、3.姶良市（加治木）、4.薩摩川内市（甑島）、5.屋久島町、6.南種子町（種子島）、7.奄美市（奄美大島）
④７作品の書き出し部分のコピー（１ページ程度）・・・ 記号をふる。
＊学校の授業以外で使う場合は、著作権の利用申請をする。
⑤ワークシート
＊③④を封筒に入れ、⑤とともに各グループに配布する。

進め方
①アニメーターは次のように説明する。
　　「椋鳩十さんは長い間、鹿児島に住んで、鹿児島県内各地を舞台にした作品をたくさん書きました。きょうは、その作品で鹿児島の紙上の旅をしましょう」
②ワークシートと封筒を配る。
　　「封筒に、鹿児島県の白地図と、作品の書き出し部分のプリントが入っ

ています。グループで相談して、それぞれの作品の書き出し部分と、舞台となった場所を探して、ワークシートに記入しましょう」

③記入が終わったら、答えあわせをする。このとき、本の内容とあわせて、舞台になった地域の紹介をしていく。

④時間があれば、どの作品が読みたいか、どこの場所に行ってみたいかもグループで話し合って、発表してもらう。

ワークシート

作品名	書き出し	物語の舞台
マヤの一生		
孤島の野犬		
ハブとたたかう島		
ほうまんの池のカッパ		
大造じいさんとガン		
海上アルプス		
カガミジシ		

ブックリスト

『マヤの一生』（大日本図書）

　ほかに、「マヤの一生」（『椋鳩十全集15　マヤの一生』所収．ポプラ社）

「孤島の野犬」（『椋鳩十全集5　孤島の野犬』所収．ポプラ社）

　ほかに、ポプラ社文庫、偕成社文庫、角川文庫

『ハブとたたかう島』（あすなろ書房）

　ほかに『椋鳩十全集15　マヤの一生』所収

『ほうまんの池のカッパ』（銀河社）

『大造じいさんとガン』（大日本図書）

　ほかに、『椋鳩十全集1　月の輪グマ』、『椋鳩十えぶんこ8　大造じいさんとガン』（あすなろ書房）所収

「海上アルプス」（『椋鳩十全集21　海上アルプス』所収．ポプラ社）

「カガミジシ」（『椋鳩十全集14　カガミジシ』所収．ポプラ社）

（種村）

せご（西郷）どんで謎を解け！
うそつきは誰か見破ろう

目的

・明治維新 150 年に関心を持ち、伝記や歴史を楽しむ。

対象・時間

・小学校 5 年生以上（3 〜 5 人のグループ）／ 30 分

準備するもの

①参考図書・・・なるべく多種類（ブックリストを参照）

②謎解き用のワークシート

③偉人カード（名前のみ。なくても可）

④指示カード（黒板に書く。なくても可）

内容

・西郷隆盛に関連する人物 5 人が、それぞれおこなった事柄や出来事を証言。その内容が事実か否か本で調べて、うそをついている偉人を見抜く。

進め方

<なぞ解き編>

①指示カードを使って手順を説明したあとで、グループ名を考えさせる。

②ワークシートを各グループに配布し、グループごとに、図書館内にある本を使って、証言がうそか本当か調べる。

<解答編>

③アニメーターが証言を読み、解答を発表する。

④問題によっては不正解のグループもある。そこで、西郷さんのエピソードを交えながら、同じ偉人の伝記でも本によって書かれ方が違ったり、視点や内容、取り上げているエピソードが違ったりすることを話し、伝記読みの楽しさを伝える。

<ワークシートの例>

1．以下の証言が事実か否かを調べ、調べた本のタイトルとページを、それぞれ記入する。

2．うそをついている人を見抜き、うその箇所に下線を引く。

関連する人物と証言

　証言１：大久保利通

　　西郷とは幼なじみでしたが、征韓論（一説には、遣韓論）争で対立しました。

　証言２：勝海舟

　　西郷とともに、江戸城無血開城を成功させました。

　証言３：島津斉彬

　　西郷の意見書がきっかけで、庭方役に抜擢しました。

　証言４：桂小五郎（のちの木戸孝允）

　　私は、維新の三傑の一人で、西郷とともに生麦事件をおこしました。

　証言５：愛加那

　　奄美大島に住むことになった西郷さんと結婚し、子どもも生まれました。

ブックリスト

『西郷どん！まるごと絵本』（東川隆太郎・さめしま ことえ．燦燦舎）

『幕末維新人物伝　西郷隆盛』（コミック版日本の歴史．すぎた とおる／原作，やまざき まこと／画．ポプラ社）

『幕末維新人物伝　勝海舟』（コミック版日本の歴史．水谷俊樹／原作，中島健志／画．ポプラ社）

『総合百科事典ポプラディア』（秋山 仁．ポプラ社）

『幕末・維新人物大百科（中）幕府・朝廷編』（藤田英昭．ポプラ社）

『この人を見よ！歴史をつくった人びと伝30　西郷隆盛』

『この人を見よ！歴史をつくった人びと伝23　勝海舟』

（以上、プロジェクト新偉人伝．ポプラ社）

『教科書にでる人物学習事典』（学研）

『教科書に出てくる歴史人物・文化遺産 7』（学研）

『教科書に出てくる歴史人物物語　幕末維新編』（河合 敦／監修．PHP 研究所）

『小学百科大事典　きっずジャポニカ』（小学館）

（大園）

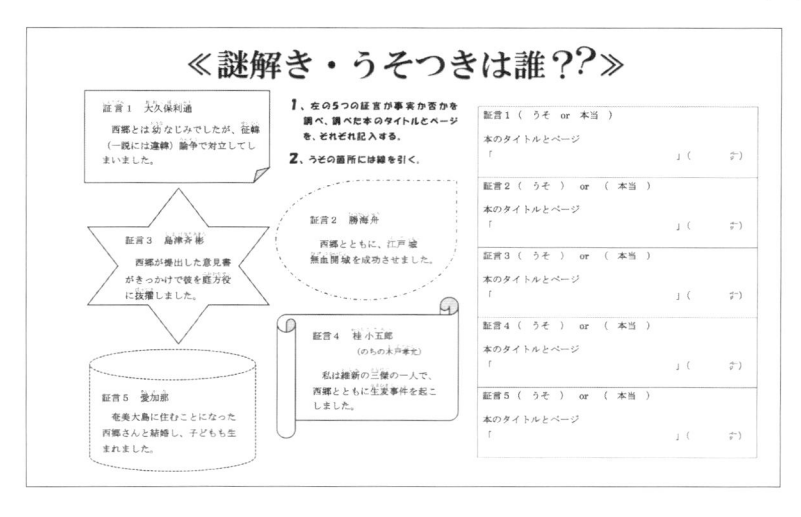

第3章

フランスのアニマシオンに学ぶ

第3次（2012）フランス・アニマシオンツアー参加記
マッシー市立エレーヌ・ウドゥ図書館の活動を中心に

指宿市立山川図書館館長　久川文乃

　私がフランスのアニマシオン研修に参加したのは、2012年3月19日（月）～3月30日（金）。このときのツアーは図書館のアニマシオンが中心になっていて、とても充実した研修でした。私のアニマシオンの世界を大きく広げてくれました。ここでは、当時ドミニク・アラミシェルさんが勤務されていたエレーヌ・ウドゥ図書館を視察した際のことを中心に紹介します。

　マッシー市立エレーヌ・ウドゥ図書館には2日にわたって訪問し、図書館見学、アトリエつきアニマシオンの見学、図書館員との懇談会など、とても充実した研修となりました。フランスでは、本と人とを結びつけるすべての活動をアニマシオンというと聞いていましたが、エレーヌ・ウドゥ図書館の活動は、まさにその通りのものでした。

マッシー市立エレーヌ・ウドゥ図書館

　図書館の視察で強く印象に残っているのは、1日目のドミニクさんによるアニマシオンの実演と、2日目の図書館職員との懇談会です。

　ドミニクさんが実演してくださったのは、アトリエつきアニマシオンで、「ハロー！アーティスト！　長方形、丸、正方形」というタイトルでした。幾何学模

ドミニク・アラミシェルさん

様を使った絵本の発見、名高い画家の発見などが目的となっていました。本の紹介を30分程度行い、その後アニマシオン室からアトリエルームに移動して、前半の本の紹介をもとに、図形を使って絵を描くというものでした。本の紹介から実際の活動につなげ、そこで参加者はさまざまな発見をしていきます。見学しながらとても楽しく、わくわくした気持

懇談会の様子

ちになったのを今でもよく覚えています。（詳しくは、『フランスの公共図書館 60 のアニマシオン——子どもたちと拓く読書の世界！』ドミニク・アラミシェル／著, 辻 由美／訳. 教育史料出版会. を参照してください）

　私は、この「ハロー！アーティスト！　長方形、丸、正方形」を参考に、小学校の読書クラブの4年生～6年生に向けて、4回にわけて活動を行いました。ドミニクさんのアニマシオンを見ていなければ、この発想は生まれなかったと思っています。

　図書館職員との懇談会には、図書館長、子どもセクションの担当者、映像担当、音楽担当、大人のセクションの担当者など総勢8名の方々が参加してくださいました。それぞれの担当から報告を受け、私たちの質問に答えてもらうという形となりました。

　まず館長から、子どもセクションのアニマシオンの種類と、アニマシオンの目的についてお話がありました。

　図書館で実施しているアニマシオンには3種類あり、それぞれ、（1）集団向けのアニマシオン、（2）非公式集団のアニマシオン、（3）個人で自由参加するアニマシオンの3種類となっている。

　図書館でアニマシオンを実施する目的は、大人も子どもも共通で、図書館の持つ蔵書・資料を発見してもらうことにある。

　そしてある意味、もっと大切なことは、社会問題について意見交換することを通じて、単に本を読むだけでなく、市民としての自覚をもつための市民教育の場である。

と話してくださいました。

　また、マッシーの図書館では、子どもセクションのアニマシオンを最優先しているとのこと。それは、子どもたちは将来の担い手であり、将来の図書館利用者だからだということでした。学校との連携もすばらしく、学期初めの9月には図書館の年間計画を各学校に送り、来館につなげているそうです。来館時のアニマシオンプログラムについても具体的にお話ししていただきました。

　そのほかにも、幼児のアニマシオン、YA向けのアニマシオン、大人のアニマシオンについて、各担当からお話を聞かせていただきました。各セクションの担当者から聞く話はとても魅力的なものでした。

　フランスツアーに参加する以前にも、フランスでは「読書へいざなう全ての活動を『アニマシオン』と呼ぶ」と聞いていて、頭ではなんとなく分かった気になっていましたが、実際に現地での様子をみると、私が思っていた以上の活動をしていて驚きました。図書館の可能性、図書館の役割、そしてそこで働く人たちの考えで図書館はどんどん変化し、成長していくのだと感じました。

第4次（2015）フランス・アニマシオンツアー参加記

種村エイ子

　2015年3月に行われた第4次フランス・アニマシオンツアーでは、コーディネーターの辻さんのおかげで、想像以上に多彩な図書館のアニマシオンに出会うことができました。

　私たちが研修後半に訪問したパリ市立の図書館では、「家族の肖像展」「コンサート」「新人アーティストの作品展」「クレープ作り」「就労支援」から、「動画（アニメーション）制作」「ヒップホップダンス」まで実施されていました。

　なかでも興味深かったのは、パリ20区のマルグリット・デュラス図書館が地域の中学・高校と連携して行っている「戯曲に夢中！」「漫画に夢中！」の企画です。あらかじめ司書がピックアップした戯曲や漫画の作品を、アニマシオンに参加す

る生徒たちが読み、議論し、受賞作を選び、選んだ理由をプレゼンし、受賞した作家を招いて授賞式までやるのだそうです。ともすれば、読書の世界から遠ざかりがちな中高校生に参加してもらうことで、図書館や読書に親しむだけではなく、「批判的精神」を養い、「自己肯定感」をもち、自分の意見を発表できる「自立した市民」を育てるのが目的だそうです。

本の内容をイラストで表現している、パリ20区マルグリット・デュラス図書館

研修前半は、鹿児島のメンバーは参加できなかったのですが、パリ近郊ブルジュ市で、クラス全員が協力して一冊の絵本をつくる「エタミーヌ」というプロジェクトを見学しました。これにはフランス全土の幼稚園から高校生まで参加し、絵本を書く「著者クラス」、他校のクラスが書いた絵本を評論する「評論者クラス」、絵本を書き評論もする「著者・評論者クラス」があり、どれに参加するかはクラスで話し合って決めるのです。絵本づくりの過程で図書館の司書がアニマシオンを行うそうで、子どもたちが出会う絵本の種類によって、つくる絵本に影響するのだというのです。

絵本づくりは日本でもいろんな場所で実施しています。時には手作り絵本コンクールもあります。でも、審査するのは大人だけです。フランスのように、子どもたちが他のグループが手がけた作品の評価までやることはありません。

もうひとつのプロジェクト「デフィ・レクチュール（読書の挑戦）」は、ブルジュ市主催で、毎年小学校6校からそれぞれ1クラス、全部で6クラスが参加する大型アニマシオンです。期間は、新年度の9月から学年末の5月までの約9カ月、参加クラスの全員がジャンルの異なる指定書10冊（絵本、小説、漫画、知識の本、昔話など）を読み、クラス全員で話し合いながら、それぞれの指定書に関する質問を文章やイラストで表現します。図書館は各クラスでアニマシオンを5回、図

書館見学を 1 回実施します。読書の挑戦の最終日（5 月）、参加クラス全員が大会場で一堂に会し、子どもたちのイラストでつくられた「すごろく」を前に、質問合戦をおこなうのだそうです。

日本だと、必読（推薦）図書を図書館や学校がリストアップして、読むことや感想文を書くように推奨される例はしばしば目にします。なかには、その必読図書を全部

アニマシオンの年間計画を知らせるポスター

読了した子を表彰する学校もあります。しかし、子どもたち自身がそれぞれの本について批評・議論し、質問合戦をする場は、たぶんないと思います。

フランスでは、図書館で実施するアニマシオンの年間計画を学校へ送り、学校は学級ごとに参加するアニマシオンを選ぶ、という仕組みになっているそうです。どこの図書館でも多彩で豊かなアニマシオンを継続して実施できるのは、公共図書館 1 館あたり 40 ～ 50 名もの正規司書がいて、それぞれが美術や音楽、文学など専門分野を持ち、自発的にアニマシオンを企画実施できるからなのです。

図書館司書の削減や非正規化のすすむ日本の図書館との違いに、ためいきの出る思いでした。たしかに日本でも「図書館法」第 3 条で、「図書館は、図書館奉仕のため、土地の事情及び一般公衆の希望にそい、更に学校教育を援助し」と定められ、学校図書館の支援に取り組むことになってはいるのですが、フランスのような密接な連携を行っている図書館は、まだまだ少数にとどまっています。

フランスの図書館でのアニマシオンは、1924 年、第 1 次世界大戦後の疲弊したパリの復興のために、最初の児童図書館「たのしいひととき館」が創設されたこ

とに始まり、以来、図書館活動に欠かせない
ものになっているというのです。

『フランスの公共図書館60のアニマシオン』の著者で、司書でもあるドミニク・アラミシェルさんは、アニマシオンには、①文化的役割：図書館の豊富な資料を発見させ、子どもたちの文化活動を促し、恵まれない子どもたちのために文化の民主主義化を目指す、②社会的役割：同じ文化空間に

パリ18区グット・ドール図書館での
ヒップホップ

やってくる子どもたちの出会いと交流の広場になり、社会的な絆をつくる、③娯楽の役割：誰でも、無料で、好きなものを選んで楽しめる役割、を同時に果たしてきたと記しています。

　私たちが第4次フランス・アニマシオンツアーで訪問したパリの図書館は、18区と20区にあって、いずれも移民が多い地域です。上記の3つの役割をもつアニマシオンは、ここの図書館活動にも欠かせないものになっています。とくに、18区のグット・ドール図書館のある地域に住む人びとのなかには、フランス語の読み書きが不自由な人が少なくないそうです。

　この地域の市街地にある図書館はガラス張りで、1階には、あきやまただし作の絵本『へんしんトンネル』（金の星社, 2002）を連想させるオブジェがありました。

　館内は2年間かけてリニューアルされ、全館に移動式書架を備えて、レイアウトは自由自在に変更できるのです。午前中、私たちが動画（絵本をもとにデッサンを書き、クラシック音楽をバックにしたアニメーション）制作のアニマシオンの説明を受けた部屋は、午後には児童室に早変わりしていました。午前中は若者のキャリア支援の部屋だったところが、午後にはヒップホップダンスの会場になっていて、たくさんの若者たちが楽しそうにダンスしているのです。いずれも、読むのが苦手な子どもや若者を対象にしたもので、数カ月かけて発表会までこぎつけるそうです。参加者は大勢の人の前で発表することで、達成感を味わう仕組みになっているのです。そういう場を与えてくれた図書館にも親しみを感じてくれるはずです。図書館なんて自分には用のない場所と思っていたとしても、いつのまにか自分にとっての居場所と受け止めてくれるかもしれません。

職業高校でのラジオ番組制作

前原華子

　私がフランス・アニマシオンツアーに参加したのは、2015年3月（第4次）の
ことでした。学校司書の先輩の「借金してでも行け」との言葉に背中を押してもらっ
て参加したツアーは、まさに「百聞は一見にしかず」でした。

　今回は、マリ・ヴィクトワール・デュシュマンさん（国語教諭）とマティルド・ディ
ヴィジアさん（司書教諭）、クロード・ヴィドン・ブルイヤールさん（校長）による、
パリ市マルセル・ドゥプレ職業高校生徒のラジオ番組制作を中心に紹介します。
パリ市マルセル・ドゥプレ職業高校は、電気技術を学ぶ15歳から18歳の男子が
通う高校です。パリ北部の庶民的な地域から通う生徒が多く、いわゆる白人の生
徒はあまりいません。私たちは、メディアクラスの1年生20人の授業を見学しま
した。

　この学校のメディアクラスは週に1時間、国語（フランス語）の教師と司書教
諭が一緒に、図書館で授業を行っています。国語の教科の中に情報を構造づける
というカリキュラムが入っていて、新聞などのメディアを分析したり、自分たち
で作り上げたりしています。中心となる目的は、生徒たちに批判的精神を養うこ
とです。何を扱うかは学年の初めに決めます。この年は、実際のラジオ局にある
高校生のラジオ番組枠を使い、Webラジオの番組制作をすることになっていまし
た。そして、私たちの授業見学の日に、それぞれのグループが発表をしてくれま
した。

　グループ発表はとても盛り上がり、生徒
たちのディスカッションに始まって、いつ
しか私たち授業参加者へのインタビューに
発展していきました。議題は、「おしりぺん
ぺん（親の体罰）をどう思う？」や「あな
たにとってイスラム教とは何か」などです。
気負うことなく自分の意見を発表し、質問
を投げかけてくる生徒たちで、最後は、「あ

マルセル・ドゥプレ職業高校のラジオ
番組づくり

りがとう。すごくいい取材をさせてもらった」と満足気でした。私たちが授業見学をさせてもらっていたはずなのに、しっかりと取材され、授業の一環に組み込まれた気分でした。

　今回訪れた場所やツアー参加者の間でよく耳にし口にした言葉に、「自立した市民」「批判的精神」というのがあります。何のためにアニマシオンをするのですか？という質問に対する答えが、この「自立した市民を育てるために」「批判的精神を育てるために」だったのです。自分の考えや意見をしっかり持って、それを自分の言葉で表現する。それはとても大事なことですが、とても難しいことのように感じます。けれど、彼らの発表やディスカッションや取材の姿は、まさに「自立した市民」が「批判的精神」を持って自分の意見を述べているように見えました。きっと幼いころから学校や図書館で触れてきたアニマシオンが、彼らの中にしっかりと根付いているのでしょう。

高校図書館でおこなわれた哲学カフェ

——— ドミニクさんを迎えて

　2017 年は、日本でアニマシオンに取り組むことになって 20 周年の年でした。東京の読書のアニマシオン研究会では、9 月 5 日より 16 日まで、フランスアニマシオンの第一人者ドミニク・アラミシェルさんを日本にお招きすることになりました。私たちかごしまアニマシオン倶楽部でも、9 月 11 日（月）から 13 日（水）まで鹿児島においでいただき、11 日に 2 講座、12 日は鹿児島市立平川小学校での子どもたちへのワークショップを行い、夜には指宿市立山川図書館での講座を実施しました。

＜ドミニクさんの鹿児島での日程＞
9 月 11 日（月）：
　講座①「フランスのアニマシオンの実際」
　講座②「子どものためのアニマシオン　実例、方法、進め方」
9 月 12 日（火）：
　「絵本づくりのアニマシオン（アトリエ）」鹿児島市立平川小学校
　「フランスの図書館とアニマシオン」指宿市立山川図書館

　鹿児島での講座開催を企画したのは、子どもの身近で本を手渡している若い人たちが、本場フランスのアニマシオンに出会うことで、図書館や司書のあり方と子どもに対する読書活動の方向性を見直す契機にしてほしいと思ったからです。
　かつて椋鳩十というリーダーを得て輝かしい読書運動を繰り広げてきた鹿児島ですが、現在は、その舞台である図書館にも、活動の担い手である司書にも、光が当たっているとはいえないからです。
　そんな鹿児島で、ドミニクさんから、「アニマシオンとは、人生を楽しむこと」「図書館でのアニマシオンは、すべての蔵書に命を吹き込み、子どもの自立を助けるためにおこなう」と伝えていただいたことは、これからの子どもの読書活動に画期的な視点

を与えてくれました。県内外の参加者から、「能動的、想像的に楽しむこと、というアニマシオンの魅力をたっぷり味わいました」など、多くの感想が寄せられました。ここでは、小学校と公共図書館でドミニクさんの講座から学んだことを報告します。

小学校でのアニマシオン

鹿児島市立小学校司書　岡元涼子

平川小学校では、午前中の3～4校時を使って、2年生から6年生までの48名を対象に、絵本づくりのアトリエを実施してもらいました。

ドミニクさんにとっては日本滞在中、唯一の子どもたちとの直接的な触れ合いでした。迎える側は、外国語しかも英語ではなくフランス語ということで、どうなるのだろうかと不安いっぱいのワークショップでした。しかし、通訳の辻さんと子どもの本かごしまのメンバーの応援のおかげで、楽しいひとときを持つことができました。

最初にドミニクさんと辻さんの紹介があり、絵本の読み聞かせをはさみながら、絵本にはさまざまなタイプがあることを示していただきました。読み聞かせについては、子どもたち自身も道具を使って効果音を出すことで興味が倍増することや、読み聞かせをする順番も、色や登場する動物や物、

できあがったページの一部と表紙

季節など、いろいろな視点で紹介する方法があることなど、たくさんの学びがありました。

その後、子ども用の雑誌・新聞・チラシのなかから好きなイラストや写真を切り抜き、「ゆめ」というタイトルでグループごとに絵本作りをしました。はじめはどうしたらいいのか戸惑っていた子どもたちでしたが、だんだんと要領よく作りだし、おおよそ全ての子どもたちが時間内に作り終えることができました。

どれも、なかなかの力作ぞろいでした。子どもたちも短い時間のなかで工夫しながら、作ることができました。

ドミニクさんのとても嬉しそうな笑顔が

絵本制作中の子どもたち

印象的でした。今回の研修の中で一番素敵な表情だったような気がします。

翌日、子どもたちの日記の中にもたくさんの感想がありました。当日参加できなかった1年生は、翌日図書館で前日と同じようにチラシや雑誌、広告等を使って絵本をそれぞれ1ページずつ作ってみました。こちらも普段体験することのない活動だったのですが、飽きることなく楽しそうに作っていました。

山川図書館にドミニクさんをお招きして

山川図書館副館長　德留絵里

　指宿市立図書館（指宿図書館・山川図書館）は、平成 19 年度より指定管理者制度が導入され、私たちの特定非営利活動法人 本と人とをつなぐ「そらまめの会」（以下「そらまめの会」）が管理・運営を行っています。そして、指宿市では 2016 年度より"シビックカフェ事業"（指宿市市内 5 カ所の拠点施設の事業者と市が協働で、それぞれの施設を、誰もが自由に出入りができ、アイデアや意見の出しやすい場として環境を整備し、地域づくりに関心のある幅広い市民が気軽に集い、交流し、連携を生み出す場となることをめざす事業）に取り組んでおり、山川図書館もその拠点の 1 つとなっています。

　ドミニクさんの講演会「フランスの図書館とアニマシオン」は、公共図書館としての山川図書館主催ではなく、山川図書館の文化施設を利用したシビックカフェ事業の一環として、「そらまめの会」主催で実現することになりました。せっかくの機会なので、学校や公共図書館の現場で働いている人たちにこそ参加してほしいとの思いから、19：00 ～ 20：30 という夜間の時間帯で設定しました。開催決定から実施までの期間はあまりなかったのですが、関心のありそうな方に会うたびにチラシをお渡しし、声をかけました。その甲斐あって、たくさんの仲間たちから参加申し込みがあり、「読書担当の先生と一緒に参加したい」「友だちも誘っていいかな？」という声も多数ありました。

　そしていよいよ迎えた講演会当日。私は平川小学校でのワークショップに参加したあと、大急ぎで山川図書館に戻り、最終的な準備を行いました。人数の少ない「そらまめの会」のスタッフだけでは人手が足り

ないかもしれないということで、子ども
の本かごしまのメンバーでもある鹿児島
市内の学校司書3名も同行してくれまし
た。

　ドミニクさんは、1時間半の講演会の
なかで、アニマシオンの理論的な部分の
話だけではなく、多くの実践を行ってく
ださいました。

　理論的な部分での話では、フランスが子どもを、アニマシオンをいかに大切に
しているのか、アニマシオンとは本や資料に命を与えること、それはどうすれば
利用されるのか、どうすれば読まれるのかを考えることであるということ、アニ
マシオンや図書館には社会的な機能もあること、楽しみ・喜びのためにアニメー
ターにはコミュニケーション能力が不可欠であること、読み聞かせには舞台俳優
としての能力が必要になること、司書やアニメーターは、その道のプロになるわ
けではないけれど、様々なジャンルの最低限の技術やノウハウが必要になること、
などを教えてくださいました。

　実践部分では、いろいろな楽器や音楽を使ったもの、魅力的な小道具を使うこと、
絵本の魅力的な見せ方、紹介する本と本をつなぐときの言葉などなど、どれもさ
りげないのですが、とても洗練されていてかっこいいものでした。

　また、日本だと本を紹介するときには、話の内容で関連付けることが多いですが、
ドミニクさんは、本の形や作り方、絵の手法などからつながりを見つけて、次々
と紹介されていたことがとても印象的でした。

　フランスの方たちは、自分自身の時間や休暇をとても大切にすると聞いていま
したが、ドミニクさんは、お願いしていた時間いっぱい、一つでも多くのことを
私たちに伝えようとしてくださいました。さらに講演会終了後も、持参したさま
ざまな道具や絵本を自由に参加者に触れさせて、すべての質問に一つひとつ丁寧
に回答・説明してくださいました。

　参加者からも、「本当に楽しかった！」「来てよかった」「誘ってくれてありがとう」
「同じ職場の仲間と一緒に来られたから、共有できて本当によかった」、そして「さっ
そくやってみたい」など多くの声をいただきました。

私が今回、ドミニクさんに出会って学んだことの一つは、「図書館も、司書も、アニマシオンの活動も、私が思っているよりももっと自由で、もっと楽しくていいのだ」ということでした。

<参考資料>
『フランスの公共図書館60のアニマシオン』（ドミニク・アラミシェル／著，辻 由美／訳．教育史料出版会）
『読書教育—フランスの活気ある現場から』（辻 由美／著．みすず書房）
『子どもたちと拓く読書の世界！—フランスの公共図書館でのアニマシオン・学校でのメディア教育を訪ねて』（読書を拓く仲間たち Part Ⅲ・2012年訪仏グループ／編）
『ボンジュール・アニマシオン〜第4回フランス・アニマシオンツアー〜』（読書のアニマシオン研究会）

子ども向け読書アニマシオン

〝本場〟仏の司書に学ぶ

鹿児島市、指宿市でセミナー

子どもたちの本への関心を高める図書館の活動「読書アニマシオン」。日本にアニマシオンが紹介されてから20年、9月に東京と鹿児島で教員らを開いた。日本に読書アニマシオンを招いた東京学芸大元教授・岩辺泰吏さん（70）が「アニマシオン」とはスペイン語で「魂に生命を与える」という意味。読書を活気づける活動をいう。子どもたちの興味をゆるやかに引きを使ってゲームなどを使って読書を推進する。鹿児島県内では13年前から種村エイ子・鹿児島国際大学元教授（東京・岩辺泰吏さん）が「本場フランスの図書司書を招き、明治学院大（東京）で講座を開催。鹿児島からと指宿市で実践研究会も「読書アニマシオン普及活動」が中心になっている。今夏は「読書アニマシオンの実践研究会」（代表）が、本場フランスから図書司書ドミニク・アラミシェルさんを招き、明治学院大（東京）で講座を開講。鹿児島からと指宿市で実践例も紹介した。（兵頭昌品）

読書アニマシオンの実践方法について説明するドミニク・アラミシェルさん（右）＝鹿児島市の鴨池公民館

宿市でもセミナーを開いた。12日にセミナーを開いた鹿児島市の鴨池公民館で同館や児童館の職員ら60人が参加した。ドミニクさんは「読書アニマシオンは①知識を得る（文化的役割）②育③を遊ぶの机を多くの大人たちが意義を紹介する。

ドミニクさんを迎えて、2日間のアニマシオンセミナー（2017年10月4日付、南日本新聞）

184　第3章　フランスのアニマシオンに学ぶ

日本の「読書のアニマシオン」20 年
—アニマシオンの原点に立って—

読書のアニマシオン研究会代表　岩辺泰吏

1．モンセラット・サルトと　日本の「読書のアニマシオン」

　日本の「読書のアニマシオン（読書へのアニマシオン）」運動は、1997 年 4 月発行の『読書で遊ぼうアニマシオン—本が大好きになる 25 のゲーム』（モンセラット・サルト著，佐藤美智代・青柳啓子訳．柏書房．以下『25 のゲーム』）に始まる。この衝撃はとても大きいものだった。私は編集部からの依頼を受け、ゲラ段階での文章を読んで、担任していた 3 年生の学級で実践し、「ぼくらは、読書探偵団—活字の世界は　おもしろい」をレポートしている。

　この時のテキストは、スーザン・バーレイの『わすれられないおくりもの』（小川仁央訳．評論社）で、作戦 2「これ、だれのもの？」、作戦 7「名探偵は私だ！」、などを試みた。さらに松谷みよ子の『オバケちゃん』（講談社）で作戦 25「史上最大のクイズ大作戦」をした。3 年生の子どもたちはとても楽しんでくれて、これをきっかけに、友人たちに呼びかけて「学び探偵団アニマシオンクラブ」を発足した。

　『25 のゲーム』の序文で、F・K・サラスはこう述べている。

　　　学校教育が子どもにつけようとしている学力のひとつに、読解力があります。しかし文章を解釈する技術がいくら育っても、子どもたちのうちに、本を読んでワクワクドキドキする体験が 1 回もなかったとしたら、それは「読む」という苦役を彼らに強いているにすぎないのではないでしょうか。

　続いて、モンセラット・サルト（以下、モンセ）は「読書のアニマシオン—〈作戦〉の手引き」の中で、C・オリバレスの「読書のアニマシオン」についての次の定義を引用している。

本を読むうちに想像力によって起ち上がってくる登場人物や場面が、読み手の五感を開き、グループで数々の出来事を共有しながら夢中で読んだ1回の読書体験が、他のあらゆる本に対しても読み手の心を囊かせる、そんな本との出会い……。

　そして、モンセ自身はこう書いている。

　　理解し、楽しみ、深く考える。
　　この3つが、作戦の目指すゴールです。これらを可能にするレクリエーション的要素のある読書こそ、子どもの個性を伸ばして未来を生き抜く力を蓄えるものです。（アンダーラインは原文のまま）

　この本はこれから「読書のアニマシオン」を始める人のためのガイドブックとなっている。適切なタイトル（訳文も）、作戦（ゲーム）の意図や進め方を的確に紹介するリード文、そしてイメージを喚起するイラスト…。学校や図書館の現場にすぐに使えるように配慮されており、大きな反響を呼んだのは当然であった。
　日本の国語教育が細かな「読解」に流れ、「国語嫌い」「活字離れ」を招いている一つの要因として批判されるようになっていたその時であったので、いっそう大きな一石を投じるものとなったと言える。
　ただ、戦後の民間教育研究運動では、子どもの主体性を尊重し、協同の議論によって学習を深めていく授業の在り方が追及されてきていた。私はすでに『だいすき国語』（大月書店，1988）や『子どもたちに詩をいっぱい』（旬報社，1996）を刊行して、「仲間とともに、楽しむ国語学習」の在り方を具体的に提起していた。算数や社会科、理科、体育教育等の分野においても同様の取り組みが豊かに蓄積されていた。したがって、まったく異質な方向からの提起とは受け取らなかったし、むしろ親近感を持って受けとめることができたと思っている。
　『25のゲーム』から2年後には、5人の現場教師によって、『ぼくらは物語探偵団―まなび・わくわく・アニマシオン』（柏書房，1999.5）を出版することができたのは、それ以前の蓄積があったからである。続いて21人の参加によって、『はじめてのアニマシオン―1冊の本が宝島』（柏書房，2003.5）を刊行している。

その後の研究をまとめて、モンセは『読書へのアニマシオン―75の作戦』（日本語版，宇野和美訳．柏書房，2001.12）を出した。この本の「はじめに」でホセ・アントニオ・マリーナは最も根本的な視点を提起している。

　　　読むこと、話すこと、書くこと、つまり、世界を言葉で説明し、理解し、楽しむことは、人間の知能の発達に不可決の条件です。文字で書かれたものから逃げることは、ものごとの論証や論理、明晰な判断、分析、批判能力からの逃避です。言ってみれば、自由の放棄です。無知とは、読み書きのできないことなのです。……、今言えるのは、学ぶことのできる人、よりよく、より多く読むことのできる人が活路を見いだす「学習社会」に、われわれが突入しているということです。

　モンセやその仲間たちが「読書のアニマシオン」を通して何をやろうとしていたのかを、私たちはここに読み取ることができる。人々が「知」を力にして、「自らの主人公」として歩きだすようはげましていくことである。それはフランスのアニマシオンの目指すところでもある。

　『25のゲーム』からあっという間の20年。日本の文化・教育環境はゆとりある、豊かな方向に進んだと言えるだろうか。少なくとも、アニマシオンの窓から見る限り、私には逆の方向に進んでいるように思える。

　「“楽しむ”ことよりまず“努力”」「読書よりドリル」「アニマシオンをやっているゆとりはない」という声が聞かれるようになった。読書も課題（ノルマ）としてこなすものとなっている様相さえ見える。20周年を機に、もう一度アニマシオンの本質と役割、内容を見直してみたいという思いから、私たちは、フランスにおける「図書館のアニマシオン」の第一人者であるドミニク・アラミシェルさん（以下、ドミニク）を招き、ともに考える機会にしたいと考えた。

2．アニマシオンとは何か

　アニマシオンとは、「生命と動きをあたえ、活気づけるための活動や方法」という、フランス語辞典『プティ・ロベール』の定義を引くところから、ドミニクは『フランスの公共図書館　60のアニマシオン』（辻由美訳．教育史料出版会，2010.3.

以下『60のアニマシオン』）を書き始めている。

辻由美は「訳者まえがき」で、「アニマシオンという語の歴史的背景」をこう書いている。

　　　ラテン語由来のこの語がフランス語の語彙に取り込まれたのは14世紀にさかのぼる。このアニマシオンという言葉に、社会活動・文化活動の意味が加わるようになった背景には、19世紀に端を発する「民衆教育」（エデュカシオン・ポピュレール）がある。ひとことで要約すれば、それまで貴族やブルジョアの占有物だった文化や娯楽をすべての人びとのものにしようという運動である。当初は活動家やボランティアによって担われていた民衆教育運動が、国や自治体の政策として取り込まれ、制度化されたものが、アニマシオンなのだ。

　　　フランスには、アニマシオンを職業とするアニメーター（フランス語では、アニマトゥール）の国家資格も存在する。たとえば、学校が休みの日、余暇センターで学童保育にあたっている職員は、有資格者のアニメーターたちだ。

　　　そんなわけで、アニマシオンという語は、きわめて奥行きが深く、幅の広い言葉なのである。

　第1回のフランス・アニマシオン・スタディツアーは、2006年4月26日〜5月8日だった。その教室及び宿舎はInjep（Institut National de la Jeunesse et de l'Education Populaire ＝青少年・民衆教育国立研究所）。

　「青少年を扱うあらゆる職業や活動を行う人たち（公共機関であれ、市民団体であれ）の研究・研修・情報センターです。青少年を直接対象にする機関ではなく、青少年とかかわりを持つ大人（もちろんアニメーターも含まれる）のための国立機関。社会文化アニマシオンは、民衆教育運動から派生した概念です」と、辻由美は説明。パリのサン・ラザール駅から郊外電車で約30分。マルリ・ロワ駅から徒歩5分。古い貴族の館だったというどっしりした屋敷（シャトー）と広い庭園を保存しつつ、敷地内にミーティングルームや体育館、ホール、レストラン、カフェなど研修施設として整備している。宿舎の案内をしてくれた若者は、「私は宿舎のアニメーター」と自己紹介していた。「宿舎と人の出会いを結ぶ人」ということで

ある。これは、ストラスブール市の公共施設 CREPS（宿舎がついている）でも、迎え入れてくれた青年は同じ言葉で自己紹介した。

ここ Injep で行われる様々なアニマシオンの企画一覧ポスターがあちこちに張り出されている。

私たちの研修は 3 本のテーマによって行われた。

①民衆教育運動としてのアニマシオンの歴史と現状

②アニメーターの養成及び自治体におけるアニマシオン施策の担当者から現状の紹介

③今日の課題としてのインターカルチュア

である。

ここでは、4 回のフランスツアーと、ドミニクの『60 のアニマシオン』などに基づいて、フランスのアニマシオン及び私たちアニマシオンクラブの考えを述べていきたい。

3．自立した市民を育てるアニマシオン

その 1）アニマシオンの社会的役割

4 回のフランスツアーで繰り返し聞かされた言葉は、「アニマシオンの目的は、自立した市民の育成にある」というフレーズである。ある講師は、こうも言った。「国民教育省（日本でいう文科省）に任せておいたら “ よい国民 ” は育てられるが、“ よい市民 ” は育てられない。（それは我々の仕事なのだ）」

「読書のアニマシオン」を考える時、アニマシオン運動全体の中においてまず捉えなおすことが必要である。

ドミニクは、それを『60 のアニマシオン』で、「自由な市民の育成」と表現している。「時代に応じて、アニマシオンは多少とも社会的目的や政治的目的を持つものとなった。たとえば、恵まれない人々が社会の成員になれるように手助けする、あるいは、本が読めない人をなくすためのたたかいの一端をしめる、という風に」

続けて、ドミニクはアニマシオンの「一貫して変わらない目的」として、「当初より、アニマシオンは文化的役割、社会的役割、そして娯楽の役割を同時にはたしてきたことである」として、それを次のように指摘する。

——文化的役割

　子どもたちの知的、精神的、人間的発展に寄与するために、アニマシオンは、幼少期から子どもたち一人ひとりの文化活動を促すことに努める。そうした活動を、できるかぎり大勢の子どもたち、とくに社会的に恵まれていない子どもたちに対して促進することで、アニマシオンはまた、文化の民主主義化をも目指している。

——社会的役割

　同じ文化的空間にやって来る子どもたちの出会いと交流の機会を提供することで、アニマシオンは社会的な絆をつくりあげるからである。

　図書館の子どもセクションにやって来る人たちは、その地域の住民を反映している。いろいろな社会層が混在している地域では、図書館にはどんな子どもたちも差別なく、一堂に会している。庶民の子も、裕福な家の子も、外国出身の子も、生粋のフランス人も。大人のフロア以上に、子どもセクションは、異なった民族や社会層が本当にミックスしている場所である。

　さらに、アニマシオンをつうじて、図書館の資料を宣伝することは、そこに参加する子どもたちと、作品や創作者や著名人たちとの絆、現在と過去との絆、この場所と他の場所との絆をつくることでもある。目には見えないが、強力な絆、橋を築くこと、個々人が人間集団に属しているのだという自覚を築きあげ、強固なものにすることは、文化の本質的な役割のひとつだ。

——娯楽としての役割

　アニマシオンは、とくに子どもたちのために整備されたスペースの中でおこなわれる。それは安全かつ快適で、総じて居心地がよく、少々《我が家》のような気分になれる場所だ。そうした特徴により、現在のどんな文化施設にもない自由を子どもたちに与えている。

　こうしたアニマシオンは楽しみの時間としてはっきりと構想され、考慮されなければならない。

その2)「子どもが選ぶ」ということ

　「自立した市民を育てる」というとき、子どもが選ぶ文学賞を紹介しておくのがよいと思う。2009年3月の第2回スタディツアーでは、クレルモン・フェラン公

共図書館における「子どもが選ぶ文学賞＝クロノス賞」の投票行為を見学することができた。これについては、辻由美『読書教育―フランスの活気ある現場から』（みすず書房，2008）が詳しいので、ここでは細かなことは省略させていただく。

　クロノス賞は幼稚園児から高校生以上までを6セクションに分けて、各5冊ほどの候補作をノミネートする。どの年齢の人がどのセクションに参加してもよいが、5人以上のグループで参加し、参加者は必ず候補作全部を読まなくてはいけない。

　私たちが参観したのは、グリーン・セクション（小学校2、3年生部門）。子どもたち30人ほどが先生に引率されてアニマシオンホールに入ってきて、階段状のベンチに座る。ホールは南に面して一面のガラス。明るい円形のイベントホールだ。児童席の左手に2人の女性が投票箱を置いたテーブルに座っている。本日の立会人だ。児童の保護者によるボランティアということだ。児童席の向かい側のテーブルには候補作品と共に、表紙カバーを数分の一に縮小したコピーが重ねて置かれている。まだ文字の書けない児童もいる年齢なので、この表紙コピーが投票用紙となる。

　アニメーターの司書さんが5冊の候補作品について、あらすじを確認して、感想などを交換。そして、投票になった。児童は図書館利用者カードを立会人に示す。立会人はそれを名簿にチェックする。つまり、選挙人名簿の確認である。児童は候補作品カードの所に行って1枚を選び、投票箱に入れて席に戻る。全員の投票の終了が確認されると、立会人は開票に移る。児童の目の前で作品ごとに積み上げられていく。最高点が確認される。これが本部の集約所に報告されることになる。

　中学、高校生になると、市議会議場や市役所玄関ホールなどが提供され、実際の選挙の投票箱が利用されたりするということだ。投票はできる限り選挙の時と同じ要領で行われる。市長が挨拶したり、地域のマスコミが取材して報道したりする。これは、自分たちが、自分たちの本を選ぶという主権者意識を育てる行為なのだと主催者は説明してくれた。

　図書館にあるたくさんの本の中から、自分にあった本を選ぶという行為があるが、本そのものは大人が選んだものだ。子どもの環境は一般に大人がつくったものだ。与えられた世界の中の「自由」だ。クロノス賞でも候補作品は大人が（司書でつくる選定委員会が）選ぶ。しかし、自分たちに合った、自分たちのための

一冊の本を選ぶという主体になることができるという機会は貴重な体験だ。できるだけ、その主体的な自覚と誇りを尊重していこうとしているのが、フランスの「子どもが選ぶ文学賞」だ。人気投票ではなく、下から討論を積み上げて、選んでいく経過が大切にされている。「自立した市民を育てる」とは、あらゆる機会に実行されているのである。

　いま、これは日本でも「高校生直木賞」として実現しているが、これはフランスの「高校生ゴンクール賞」に学んだものである。このことも辻由美『読書教育』に詳しい。

4．インターカルチャー

　アニマシオンにおける今日的な課題として、パリ政治学院のシルヴィ・フロリス教授（以下、シルヴィ）から「インターカルチャー」の講義を受けた。これを通訳にあたった辻由美は、「異文化関係論」（または「多文化共同」とも）と訳した。シルヴィ教授は、これを EU の重要な課題として話し始めた。

　　EU はヨーロッパにおける人々の可動性を推進している。お互いをよりよく知り合うために、特に若者があちこちに移動することを支援している。そのための予算も組んでいる。目的は、異文化を発見し、知ることである。ヨーロッパは数千年も戦争を繰り返してきた。それは他者を怖がるからである。お互いをよく知らないから恐れが生まれるのである。EU の計画は、他者を知ること、協同で仕事をすること、他者に対する恐れをなくすることが大事だということだ。これが〈平和の教育学〉をつくる基本であり、ヨーロッパ教育学の基礎である。

　　それには、若者から始めなければならない。そのために予算を組んでいる。インターカルチャーの重要性がそこにある。この重要性は、初めから若者に教えておかなければ、可動性（移動）は、紛争や暴力を生むことがある。現在、パリ政治学院は 30％の外国人学生を受け入れている。これは学長が望んだ方針である。それ以前は閉鎖性が強かった。今、外国人をどう扱っていいかわからないで、去っていく教師もいる。

　　私は、協同作業のときは、フランス人の相手には外国人と組ませている。

初めは時間のロスを恐れたが、外国人学生から教わることは大きい。別の文化を受け入れてからは、豊かな文化を得ている。政治学院は5年間の課程の中で、全ての学生が1年間、外国の大学で学ぶことを義務としている。そのために世界中の大学と提携している。これは、EU の他の国にも広がっている。

　こう話したうえで、シルヴィ教授は「インターカルチャーのアニマシオン」（ワークショップ）」を行った。雑誌等から切り抜かれた写真がたくさん並べられた。そこから、チーム（2～3人でチームを作った）は1枚を選び、何が（どんなストーリーが）写されているかを話しあって、発表していった。ここでは、取り上げられた写真とそのテーマについてのシルヴィ教授のコメントを紹介したい。

　例A：〈一面いっぱいの大きな「ビン・ラディンの顔」だが、それは無数のイラク民衆の写真で構成されている〉
　（シルヴィ評）
　　だれでも知っている顔である。彼は過激で一方通行で語っている。グローバリゼーションを利用して教条主義的な考えを唱え、人びとを近づけないで、敵をつくりだしている。イスラム社会に対する拒絶と無理解を引き起こしている。反インターカルチャーの例である。インターカルチャーはお互いを理解し合うことで、賛成することではない。暴力を使うことではない。紛争が起きたときにインターカルチャーが必要になる。交渉ができる空間をつくりだすことである。

　例B：〈インドの古い仏像。男女の仏神が性器をあらわにして踊っている写真〉
　（シルヴィ評）
　　性を表現することは、各国によって異なる。フランスではここまであらわにすることには違和感を持つ。若者を交流・移動させるときに、性に関する理解を深めることは非常に重要だ。フランスは羞恥心の強い国だ。しかし、他のオープンな国があることを知り、準備させなければならない。それは同化することではない。自分の文化を失ってはならない。若者は自分自身の文化をよく知っていなければならないが、その自覚が乏しい。

北アラブの青年を受け入れている。彼を含めて、エストニアへの旅行を企画したときに、「あなたは何を持っていくか」とたずねた。彼は、「私には持っていくべきものは何もない」と答えた。北アラブにはすぐれた音楽をはじめ高い文化がある。自分の文化への誇りを失っている。外国に出かける時に、自分を知ることができる。これが重要である。

例C：〈タトゥー（刺青）をした男性の裸の背中の写真〉
（シルヴィ評）
　文化によっては、おしゃれの一種が、他の文化では社会的に拒否されることがある。自分たちの価値を捨てずに、相手の考え方を理解することが大きな課題である。

例D：〈車椅子のおばあさんを押している母親とその娘（成人）の３世代が談笑しつつ散歩している写真〉
（シルヴィ評）
　世代間のコミュニケーションもインターカルチャーの課題である。社会の豊かさは多様性からくる。世代間のコミュニケーションは、日常的に行われなければならない。分断されるほど無理解が生まれ、問題が生じる。私は保育園と老人ホームの交流を進めている。相互に理解するためには時間が必要である。人は多様性によって豊かになっていく。若者は耳が聞こえない人に理解を寄せなければならない。年寄りは子どもがうるさい物音をたてることを理解しなければならない。お互いに相手の方向に歩み寄っていくことが必要だ。政策として両方に懸け橋をかけていかなければならない。

　このほかに、〈ボディペインティング〉〈太陽を大きな装飾テーマとして取り入れたプール施設〉などがあった。
　このアニマシオンの中で、シルヴィは読書についても触れた。
　「〈本は異なる世代を媒介する道具である〉との格言がある。集団で読書をするということが大事な意味を持っている。本について、その感想の交流においても、本はインターカルチャー推進のすばらしい道具である」

「フランスでは、孤独な人が最後に行くのは図書館である。そこにも行けなくなると自殺に至る。最後の避難所が図書館なのだ。図書館は社会同化の最後の救済手段だ」

シルヴィは長い講義の結びとして、社会教育分野におけるインターカルチャーの位置について述べ、「その視点」として3つを挙げた。

①敬意（尊重）

つねにインターカルチャーにおける尊重を考えていなければいけない。言葉で表す以前に存在していなければならない概念である。特に、フランスでは、若者と考えるときに、尊重を強調したい。

②寛容

すべてを受け入れることは不可能だ。すべてを受け入れることは、すべてを排斥することになる。相手の行動を理解することは可能である。私とは違う行動をとっても、私はそういう行動はとらないけれど、その人を馬鹿とは思わない。個人として尊重するが、賛成できないということがある。寛容は妥協ではない。若者相手は難しい。例を挙げれば、司書は毎日この問題とぶつかっている。たくさんの世代がやってくる図書館ではつねに遭遇する。図書館が紛争解決の場の役割を果たしている。

③ステレオタイプの克服

南の人は怠け者で、北の人は働き者。日本人は従順だが、フランス人は従わない。こういうことは部分的な真実を含んでいるが、ステレオタイプな理解はどんな場合にも普遍的とは言えないのに一般化して還元してしまう。ナショナリストは「移民は怠け者」などと簡単な言葉に還元してしまう。反ユダヤ主義は深刻な問題をもたらした。ユダヤ人はステレオタイプの犠牲者である。

シルヴィは、ステレオタイプ克服の課題として4点を挙げて結びとした。

①自分自身をよく知るようにサポートしていくこと
②好奇心と開かれた精神とを持つこと

③言語上の相違をどのように埋めるか

　わずかな言葉でも交流はできる。十分に言葉ができなくてもコミュニケーションを持つことが大事だ。完璧主義は関係を切ってしまう。

④自分になじみのない環境において信頼感を持つ

　あえて挑む。失敗を恐れないでやってみる。今の若者は、家族の中に保護されているので、外に出なさい、挑みなさいということが難しくなっている。そばに置く方がずっと楽になっている。子どもが少ないほど、リスクを担わせることが難しくなっている。

　インターカルチャーは終着点のないプロセスであると、シルヴィは結んだ。今日の EU、そして世界の直面している現実を考える時、シルヴィ教授の講義は重要なテーマであったとあらためて思う。(この内容は、当日の私のメモに基づくもので、不正確な部分もあることをお許しください)

5.「アニメーター」について

　アニマシオンの推進役を、「アニメーター」と訳すことについて議論がある。このことについて、増山均(日本福祉大学教授＝当時)は、『25 のゲーム』巻頭の論文「アニマシオンとは何か」において、こう解説している。

　　　フランスでは、1960 年代の半ばから社会文化アニマシオンをすすめる専門職のあり方が研究されて、1970 年に「社会・教育・スポーツ・文化の活性化にあたる専門職員」として国によって正式に専門職化がなされました。その専門職員を、アニマトゥール(animateur 仏)、アニマドール(animador 西)、アニマトーレ(animatore 伊)と呼んでいます。この本の中では、それら全体に共通する英語を使用して「アニメーター」と表記していますが、その専門性は、教える人＝教師とは違って、活動を一緒に楽しみながら、イキイキ、ワクワク、ハラハラ、ドキドキする心身の活性化を生みだし、取り組みへの主体性と生きる活力をひきだしていくことにあるのです。

　また、同書の訳者の一人である青柳啓子は「訳者あとがき」でこう述べている。

実行にあたり、重要な鍵を握るのがアニメーターです。本を愛し、子ども
と対等に接しながら、状況に柔軟に対応するその人間像はとても新鮮に感じ
られます。(この本では、スペイン語、イタリア語の原語と同じ意味を持つ英
語「アニメーター」を訳語で用いましたが、英語の animator という言葉には、
本書で使っている〈導き役〉の意味はないことをお断りさせていただきます。

　ドミニクは『60 のアニマシオン』の中で、司書の果たす役割について繰り返し、
「文化の仲介者」という言葉を繰り返している。
　「文化の仲介者、教える者、盛り上げ役という 3 つの役割は、司書という職業に
とって当然なものとして、以前から認められてきた」と述べているが、この「盛
り上げ役」に訳者の辻は「アニメーター」とルビを振っている。
　ドミニクはまた、「仲介者としての司書は、催しものを活気づけ、生命をあたえ、
個性をあたえる者である」とも表現している。私は、これは司書に限られた定義
ではなく、アニメーターそのものに与えられるものであると考える。私たちアニ
マシオンクラブは、この考え方に立って、アニマシオンの推進役を「アニメーター」
と呼んでいる。

6．アニマシオンクラブのスタンス

　私たちアニマシオンクラブは、アニマシオンについて、次のように考えている。

(1) 子どもの心に本をとどける

　2016 年に出した本のタイトルをこのようにしたのは、民衆教育運動、日本でい
えば識字運動を原点とするアニマシオンの流れの中に、「読書のアニマシオン」も
位置づくべきであるという考えからである。
　私たちの目標は、子どもたちを広くて、豊かな本の世界に誘うことである。だ
から基本的には、「本を読んで参加する（予読）」のではなく、「本に手を伸ばした
くなる」ように、あるいは読んだ一冊の本も友だちと一緒に読めばさらに楽しく
なり、新しい発見がある、そしてさらに「次の本が読みたくなる」…というよう
にいざなう参加型の読書活動である。

（2）アニマシオンで何を獲得するのか

①世界を発見する

　子どもは「習熟学習」に飽き飽きして勉強嫌いや学校嫌いを生みだしていると、私は思う。教科書は世界に開く「窓」である。そこでの学びを出合いとして、「その先の世界へ」いざなう工夫が求められている。私たちのアニマシオンは、世界の発見（再発見）に導くようなものでありたいと考えている。

②仲間を発見する

　一歩を踏み出すには、そこにいる「知らない人」への信頼、きっと一緒にやっていけるという期待と自信が必要である。アニマシオンは仲間と過ごし、課題を解決していく「楽しいひととき」を共有することによって、「仲間」とやっていくことの喜びと自信を培う。いつもとは違うアニマシオンの活動を通して、仲間の協力と、そして友だちの新しい側面を発見することができる。

③“わたし”を発見する。

　アニマシオンを通して、自分の中にある可能性を見いだしていくこと。「やっていける自分」を確かめることができるように導く。仲間と楽しく過ごす自分を発見していくことは、肯定できる（大好きな）“わたし”を見いだしていくことである。

（3）アニマシオンクラブのコンセプト

①楽しいひとときをつくる

②推理を組み入れる

③協同的な活動を基本とする。

　『60のアニマシオン』の中に、「ファイル48　私は誰でしょう？──なぞかけブックトーク」があります。それを、私なりに作り上げたのが、「なぞときブックトーク」（『子どもの心に本をとどける　30のアニマシオン』28.　かもがわ出版）だ。

　このアニマシオンを通して、参加者は図書館というものが“なんでもあり”の百科事典的な存在であり、例えば学校の中で最も広い空間（世界）であることに気づく（発見する）。

　また、チームでの相談を通して、ある物事に対して、様々な見方があること、

できることを知り、仲間と活動することから学ぶ（仲間の発見）。

　そして、この時間を楽しんでいる自分を見いだし、やっていける自分を見いだしていく（"わたし"の発見）。

　楽しさ、推理、協同をいうコンセプトで組み立てたアニマシオンの面白さを、アニメーターをする人もまた発見していくことになる。

　ドミニクは、「適切なアニマシオンとは、参加した子どもたちが飽きることなく、何かを発見することができ、終わって図書館を出てからも、さらに自分の家や他の場所で続けてゆきたい、そして、図書館にまた来たいという気持ちを抱くようなアニマシオンのことである」と書いている。私たちのアニマシオンは、子どもたちを高め、仲間と過ごすことの喜びを味わわせ、自分の中に学び、生きていく見通しと自信を育てるものでありたいと思う。

　ちなみに、一部の人に、アニマシオンは「クイズを用いる活動」のように見えているようだが、私たちは「推理を組み入れる」と表現している。楽しさ＋推理＋協同＝探偵団活動、ということになる。アニマシオンクラブが初めて出した本の名前は、『ぼくらは物語探偵団—まなび・ワクワク・アニマシオン』（柏書房,1999）。

　この部分についても、2016年発行の『子どもの心に本をとどける　30のアニマシオン』においてまとめておりますので、ご参照ください。

＊　＊　＊

　私たちのアニマシオンは、日本の文化の特質に見合ったものであり、日本の現実にしっかりと向き合ったものでなければなりません。日本の「読書のアニマシオン」はまだ20年にすぎません。まだまだ研究・開発・実践と検証が蓄積されていかなければなりません。

　そのためには、まずタブーをつくらないことです。私は、今の段階での実践は、試行錯誤を重ねている段階だと思っています。大事なことは、「それはアニマシオンであるのか、ないのか」ではなく、「やってみること」です。そして、それを公開し、仲間と議論し高めあっていくことだと思います。私たちはもっと遠くまで行かなければならないのですから。

子どもの本かごしま（かごしまアニマシオン倶楽部）の歩み

2004年	3月	バリアフリー絵本展、バリアフリーおはなし会
2005年	10月	第1回 アニマシオンで遊ぼう！
2006年	5月	長谷川摂子さん講演会
	11月	第2回 アニマシオンで遊ぼう！
2007年	5月	佐藤涼子さんの講演会・実践講座・おはなし会
	5月	子どもの本かごしまホームページ公開
	10月	第4回 アニマシオンで遊ぼう！ 子どもと一緒にアニマシオン
2008年	2月	五十嵐絹子さん講演会
	4月	あきやまただしさん絵本ライブ
	8月	第4回 アニマシオンで遊ぼう！ 子どもと一緒にアニマシオン
	12月	佐藤涼子さんの講演会・実践講座・おはなし会
2009年	8月	第5回 アニマシオンで遊ぼう！
	10月	藤田浩子さんとフランさんをお招きして
2010年	8月	第6回 アニマシオンで遊ぼう！ 子どもと一緒にアニマシオン
	10月	第1回 アニマシオンの勉強会
	10月	佐藤涼子さんの講演会・実践講座・おはなし会
	10月	子どもゆめ基金 ポスターセッションに参加（東京）
2011年	2月	第2回 アニマシオンの勉強会
	6月	第3回 アニマシオンの勉強会
	8月	第7回 アニマシオンで遊ぼう！ 子どもと一緒にアニマシオン
	10月	第4回 アニマシオンの勉強会
2012年	2月	第5回 アニマシオンの勉強会
	6月	第6回 アニマシオンの勉強会
	8月	第1回 読書のアニマシオンセミナー 子どもと一緒にアニマシオン
	9月	辻由美さん講演会
	10月	第7回 アニマシオンの勉強会
	12月	佐藤涼子さんの講演会・実践講座・おはなし会

2013年	2月	第8回 アニマシオンの勉強会
	6月	藤田浩子さんのおはなし会の理論と実践 子どものためのおはなし会とワークショップ
	8月	第2回 読書のアニマシオンセミナー　子どもと一緒にアニマシオン
	9月	かごしまアニマシオン倶楽部フェイスブック公開
	10月	第9回 アニマシオンの勉強会
	12月	プレ アニマシオン倶楽部
2014年	2月	アニマシオン倶楽部 2014年第1回 （正式発足）
	5月	アニマシオン倶楽部 2014年第2回
	8月	読書のアニマシオン交流・研究会 子どもと一緒にアニマシオン（全国大会）
	10月	アニマシオン倶楽部 2014年第3回
	12月	佐藤涼子さんの講演会・実践講座・おはなし会
2015年	2月	アニマシオン倶楽部 2015年第1回
	5月	アニマシオン倶楽部 2015年第2回
	8月	第3回 読書のアニマシオンセミナー　子どもと一緒にアニマシオン
	10月	アニマシオン倶楽部 2015年第3回
2016年	2月	アニマシオン倶楽部 2016年第1回
	5月	アニマシオン倶楽部 2016年第2回
	8月	第4回 読書のアニマシオンセミナー　子どもと一緒にアニマシオン
	10月	アニマシオン倶楽部 2016年第3回
2017年	2月	アニマシオン倶楽部 2017年第1回
	5月	アニマシオン倶楽部 2017年第2回
	8月	第5回 読書のアニマシオンセミナー　子どもと一緒にアニマシオン
	9月	ドミニク・アラミシェルさんのアニマシオンセミナー 平川小学校実演
	10月	アニマシオン倶楽部　2017年第3回
2018年	1月	佐藤涼子さんの講演会・実践講座・おはなし会
	2月	アニマシオン倶楽部　2018年第1回

執筆者一覧（掲載順）

種村　エイ子
たねむら　えいこ
子どもの本かごしま（かごしまアニマシオン倶楽部）代表
元鹿児島国際大学教授

大瀬　和代
おおせ　かずよ
子どもの本かごしま事務局
読書ボランティア

有馬　尚美
ありま　なおみ
読み聞かせボランティア

鳥羽　啓子
とば　けいこ
子どもの本かごしま事務局
読書ボランティア　　図書館ボランティア

前原　華子
まえはら　はなこ
鹿児島市立小学校司書（2018.3まで）

野間　美里
のま　みさと
指宿市立小学校司書

大園　美千代
おおぞの　みちよ
鹿児島市立小学校司書

橋本　華奈
はしもと　かな
鹿児島市立小学校司書

大田　みほ
おおた　みほ
鹿児島県肝付町立小学校司書

出森　郷子
いでもり　さとこ
指宿市立小学校司書
元指宿市立図書館司書

岡元　涼子
おかもと　りょうこ
鹿児島市立小学校司書

増山　桂子
ますやま　けいこ
鹿児島市立小学校司書

屋田　優奈
おくだ　ゆうな
鹿児島市立小学校司書

小原　央子 おばら　ちかこ	宮崎県立高校司書 元宮崎市立小学校司書	
久川　文乃 ひさかわ　あやの	指宿市立山川図書館長 かごしまアニマシオン倶楽部事務局　　元小学校司書	
德留　絵里 とくどめ　えり	指宿市立山川図書館副館長 かごしまアニマシオン倶楽部事務局　　元高校司書	
廣澤　貴理子 ひろさわ　きりこ	徳島市立図書館副館長 とくしまアニマシオン倶楽部　　元小学校司書	
田島　裕三 たじま　ゆうぞう	鹿児島県公立小学校教諭	
栫　美佐子 かこい　みさこ	鹿児島県公立小学校教諭	
楠　広江 くすのき　ひろえ	鹿児島県公立小学校教諭	
加治屋　ゆきな かじや　ゆきな	指宿市立山川図書館司書 元小中学校司書	
笠井　英彦 かさい　ひでひこ	読書のアニマシオン研究会事務局長 静岡市立中学校教諭	
濱崎　恵里 はまさき　えり	私立高校司書	
木村　智美 きむら　さとみ	鹿児島県立高校司書 元公立図書館司書	
岩辺　泰吏 いわなべ　たいじ	読書のアニマシオン研究会代表 元明治学院大学教授　　元東京都公立小学校教諭	

あとがき

　「子どもにとって読書とは」と問われて、「読んで読んで読むと、その人の中に辞書ができる。その言葉がその人が生きていく上での力になる」と答えているのは、角野栄子さん。あの『魔女の宅急便』で有名な児童文学者です。角野さんは、2018年3月、子どもの本のノーベル賞とされる国際アンデルセン賞に選ばれました。まど・みちおさん、上橋菜穂子さんに次ぎ、日本から3人目の受賞者です。

　受賞会見で角野さんは、「読み聞かせから読む人になる橋渡しが大切ではないか」「子どもが本に到達するためには大人の工夫が必要」とも指摘しています。

　私たち「子どもの本かごしま」のメンバーは、多くの子どもたちに「生きていく上での力になる言葉」を身につける読書体験をしてもらうために、「子どもが本に到達するための大人の工夫」のひとつとして、アニマシオンが役立つのではないかと考えてきました。

　読書のアニマシオン研究会の岩辺先生、笠井先生のおかげで、鹿児島にアニマシオンの種がまかれたときから、13年。

　これまでさまざまな場で学び、実践を積み重ねてきましたが、まだまださやかな歩みでしかありません。しかし、九州の片隅で提唱された「母と子の20分間読書」が全国に広まったように、私たちの試みが誰かの役に立つかもしれないと、大胆にも本にまとめることにしました。

　結果的に、学校司書、公共図書館司書を中心に、教師や読書ボランティア、あわせて25名もの執筆者に原稿をお願いしました。鹿児島県在住者が中心ですが、鹿児島のアニマシオンにはなくてはならない東京の岩辺先生、静岡の笠井先生と、鹿児島でアニマシオンに出会い、現在は徳島で活動している廣澤さん、宮崎からはるばる鹿児島のアニマシオン学習会に参加している小原さんも含まれています。みなさん、こころよく引き受けていただき、編者

としてはありがたい限りです。

　アニマシオンのレシピは、使いやすさを考えて年齢対象別に並べてみましたが、絶対的なものではありません。いろいろ試みていただいて、いろんな機会に交流できたら幸いです。

　『学習権を支える図書館』『私たち図書館やってます！』（南方新社）につづいて、今回も遠矢沢代さんに編集していただきました。実際にセミナーにも参加して、アニマシオンのおもしろさや奥深さを体験したうえで、誰でもすぐに実践できるレシピの記述を工夫していただきました。出版社や新聞社への著作権二次使用の手続きを含めて、たいへんなご苦労をかけてしまいました。

　出版は、今回も地元鹿児島の南方新社、向原祥隆さんが引き受けてくださいました。心からお礼を申し上げます。

2018 年 4 月

種村エイ子

子どもの本かごしま（かごしまアニマシオン倶楽部）

代表　種村エイ子

アニマシオンセミナー　年1回　8月
アニマシオン学習会　　年3回　2月　（鹿児島市内）
　　　　　　　　　　　　　　　5月　（鹿児島市内）
　　　　　　　　　　　　　　　10月　（指宿市立山川図書館）

年会費 ── 1000円（セミナー参加費は別途）
会　報 ── アニマザウルス　年3回発行
連絡先 ── 久川文乃（aya.hisakawa123@gmail.com）
　　　　　種村エイ子（tanemura@po5.synapse.ne.jp）

🖥 HP ── 子どもの本かごしま　http://www3.synapse.ne.jp/khk/
📘 FB ── かごしまアニマシオン倶楽部
　　　　https://www.facebook.com/kagoshima.anima/

編著者プロフィール

種村エイ子（たねむら えいこ）

子どもの本かごしま（かごしまアニマシオン倶楽部）代表。元鹿児島国際大学教授。専門は図書館学。長年司書、司書教諭の養成や、子どもの読書活動に携わる傍ら、自らのがん体験をもとに「いのちの授業」を展開してきた。

著書に『学習権を支える図書館』(南方新社)、『知りたがりやのガン患者』(農文協)、『「死」を学ぶ子どもたち』(教育史料出版会)、『シリーズいのちの授業　全5巻』(ポプラ社)、監修『私たち図書館やってます!』(南方新社)、共著に『子どもの心に本をとどける30のアニマシオン』(かもがわ出版)など。

ようこそ、読書のアニマシオンへ
子どもと本をつなぐ46のレシピ

発行日	2018年 7月 5日 第1刷発行 2018年 9月15日 第2刷発行
編著者	種村エイ子・子どもの本かごしま
発行者	向原祥隆
発行所	株式会社　南方新社 〒892-0873　鹿児島市下田町292-1 電話　099-248-5455 振替　02070-3-27929 URL　http://www.nanpou.com/ e-mail　info@nanpou.com
装　丁	オーガニックデザイン
印刷・製本	イースト朝日

定価はカバーに表示しています。
乱丁・落丁はお取り替えします。
ISBN978-4-86124-384-4 C3037
©種村エイ子・子どもの本かごしま2018, Printed in Japan

私たち
図書館やってます！

指定管理者制度の波を越えて

編著
NPO法人 本と人とをつなぐ「そらまめの会」

監修
種村エイ子

- ■ A5判
- ■ 149ページ
- ■ 定価（本体1,400円＋税）

街の図書館に指定管理者制度の導入が決まった。これを機会に、もっと盛り上げたいと願うボランティアが名乗りを上げた。それから4年、図書館は街の宝になった。スタッフの司書魂が次々に新機軸を繰り出し、イケてる図書館を演出する。

学校・公共、両図書館で使える実践マニュアル付!!

学習権を支える図書館
◎種村エイ子
定価(本体2,400円＋税)

椋鳩十が提唱した読書運動発祥の地から、図書館再生への試案。貸出、レファレンス、予約、資料案内、障害者サービス、自動車図書館、講演会、展示、読み聞かせ、古本市、学校との連携など、図書館機能は限りなく広がる。

山菜ガイド　野草を食べる
◎川原勝征
定価(本体1,800円＋税)

タラの芽やワラビだけが山菜じゃない。ちょっと足をのばせば、ヨメナにスイバ、ギシギシなど、オオバコだって新芽はとてもきれいで天ぷらに最高。採り方、食べ方、分布など詳しい解説つき。ぜひ、お試しあれ。

海辺を食べる図鑑
◎向原祥隆
定価(本体2,000円＋税)

海辺は自然の野菜畑、生き物たちの牧場だ。海辺は食べられる生き物の宝庫である。しかも、それが全てタダなのである。著者が実際に自分で獲って食べた海藻、貝、エビ・カニ、魚、川の生き物136種を解説。さあ、海辺に行こう！

九州発　食べる地魚図鑑
◎大富　潤
定価(本体3,800円＋税)

ヤフーニュースのトップページに登場。店先に並ぶ魚はもちろん、漁師や釣り人だけが知っている魚まで計550種を解説。全ての魚を実際に著者が料理して食べてみた。魚に加えて、エビ・カニ、貝、ウニ・クラゲや海藻まで。

増補改訂版
校庭の雑草図鑑
◎上赤博文
定価(本体2,000円＋税)

人家周辺の空き地や校庭などで、誰もが目にする300余種を分かりやすく解説。学校の総合学習はもちろん、自然観察や自由研究に。また、野山や海辺のハイキング、ちょっとした散策に。人気の図鑑がパワーアップした。

増補改訂版
昆虫の図鑑　採集と標本の作り方
◎福田晴夫他
定価(本体3,500円＋税)

身近な昆虫2542種。旧版より445種増えました！大人気の昆虫図鑑が大幅にボリュームアップ。注目種を全種掲載のほか採集と標本の作り方も丁寧に解説。昆虫少年から研究者まで一生使えると大評判！

貝の図鑑　採集と標本の作り方
◎行田義三
定価(本体2,600円＋税)

本土から琉球弧に至る海、川、陸の貝、1049種を網羅。採集のしかた、標本の作り方のほか、よく似た貝の見分け方を丁寧に解説する。待望の「貝の図鑑決定版」。この一冊で水辺がもっと楽しくなる。

川の生きもの図鑑
◎鹿児島の自然を記録する会編
定価(本体2,857円＋税)

川をめぐる自然を丸ごとガイド。魚、エビ・カニ、貝など水生生物のほか、植物、昆虫、鳥、両生、爬虫、哺乳類、クモまで。上流から河口域までの生物835種を網羅する総合図鑑。学校でも家庭でも必備の一冊。

ご注文は、お近くの書店か直接南方新社まで(送料無料)。
書店にご注文の際は必ず「地方小出版流通センター扱い」とご指定ください。